AF591963

FACULTÉ DE DROIT DE PARIS

DES

EFFETS DU CAUTIONNEMENT

EN DROIT ROMAIN ET EN DROIT FRANÇAIS

PAR

LÉON DUBREUIL

Avocat à la Cour d'appel de Paris.

> Ne sois point de ceux qui frappent dans la main ni de ceux qui cautionnent les dettes.
>
> Si tu n'avais pas de quoi payer, voudrais-tu qu'on prît ton lit de dessous toi?
>
> Proverbes de Salomon.
> (Chap. XXII, vers. 26 et 27).

PARIS

PICHON, IMPRIMEUR-LIBRAIRE,

14, RUE CUJAS ET 7, RUE VICTOR-COUSIN

1876

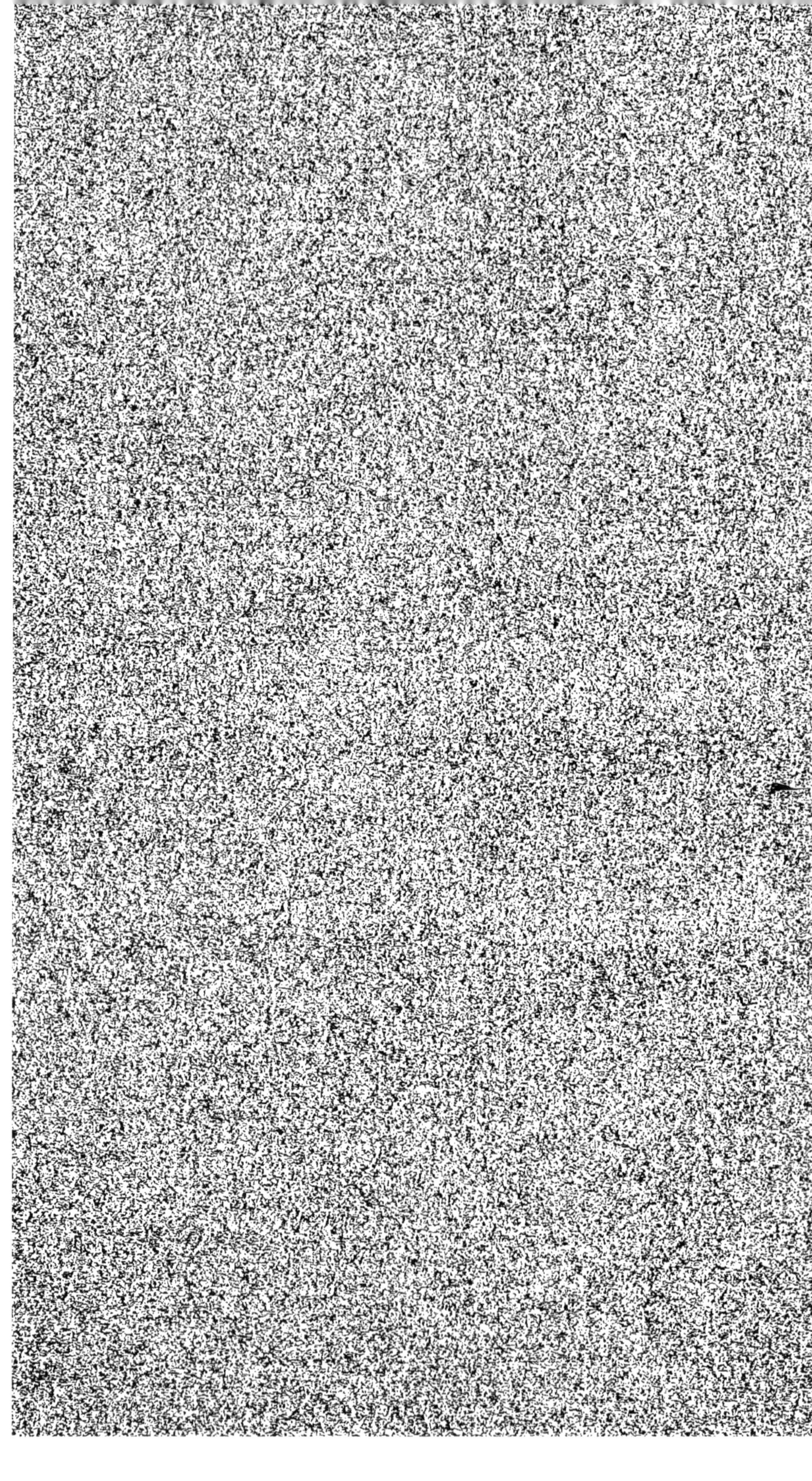

FACULTÉ DE DROIT DE PARIS

DES EFFETS DU CAUTIONNEMENT

EN DROIT ROMAIN ET EN DROIT FRANÇAIS

THÈSE POUR LE DOCTORAT

SOUTENUE

le Mardi 25 Juillet à une heure et demie.

PAR

LÉON DUBREUIL

Avocat à la Cour d'appel.

Président : M. GÉRARDIN.

SUFFRAGANTS : MM. BONNIER, DUVERGER, COLMET DE SANTERRE — PROFESSEURS ; DESJARDINS, GLASSON — AGRÉGÉS

PARIS

ANCIENNES MAISONS GUSTAVE RETAUX ET Ve JOUBERT

F. PICHON, LIBRAIRE-ÉDITEUR

14, RUE CUJAS, 14

1876

MEIS ET AMICIS

DES

EFFETS DU CAUTIONNEMENT

EN DROIT ROMAIN

Notions préliminaires.

L'opération que nous appelons chez nous cautionnement était dans le très-ancien droit romain resserrée dans les étroites limites de la *sponsio* et de la *fidepromissio*. Elle était soumise à des formes solennelles ; elle ne pouvait s'adjoindre qu'à une stipulation, c'est-à-dire à un contrat *verbis* (Gaius, III, § 119). Les besoins de la pratique firent franchir les bornes de la *sponsio* et de la *fidepromissio*. On imagina une nouvelle formule : *idem fide tua esse jubes ? Idem fide mea esse jubeo* (Gaius, III, § 116). On créa la fidéjussion, institution plus large qui s'appliquait à toute espèce d'obligation et ne tarda pas à devenir d'un usage général, tandis que la *sponsio* et la *fidepromissio* tombèrent en désuétude. Il n'en est plus question dans les Institutes de Justinien. Mais la fidéjussion exigeait des formes qui pouvaient rendre un engagement difficile dans certaines circonstances, on fit encore un pas, on emprunta la forme du mandat, contrat consensuel, pour en revêtir ce que nous avons appelé le cautionnement, on créa le *mandatum pecuniæ credendæ*.

Mais le *mandatum pecuniæ credendæ* devait forcément précéder l'obligation principale, la pratique se servit alors du constitut, pacte prétorien, qui pouvait intervenir après l'obligation du débiteur et qui était valable par le seul consentement des parties. Par ces transformations le cautionnement reçut une grande extension et put s'appliquer désormais à toutes les situations dans lesquelles il était nécessaire qu'un tiers s'obligeât pour un autre. Mais ces différences de forme entraînaient des différences de fond et les effets du cautionnement variaient suivant le mode employé pour le faire naître. Nous aurons soin de noter ces différences dans le courant de notre étude et en même temps nous constaterons qu'elles vont en s'affaiblissant, sans cependant disparaître complétement, jusqu'à Justinien, au fur et à mesure que les vrais principes s'établissent et qu'ils trouvent leur vraie formule.

Disons dès maintenant que le créancier sera muni d'une action différente suivant le mode employé pour cautionner. Contre le mandant il exercera une action *mandati contraria* jouissant des avantages attachés à toute action de bonne foi; contre les *adpromissores* une *condictio certi* ou une action *ex stipulatu* (Inst., pr., *de verb. obligat.*), contre le *constituens* une action d'origine prétorienne, l'action *de pecunia constituta*. Dans l'ancien droit, lorsque le créancier agissait par la *condictio certi* ou par l'action *de pecunia constituta*, il avait la chance d'obtenir, dans le premier cas, un tiers, dans le second cas, la moitié en sus de la somme demandée. C'est ce que nous apprend Gaius par le texte suivant: *Ex quibusdam causis sponsionem facere permittitur velut de pecunia certa credita et pecunia constituta ; sed certæ quidem creditæ pecuniæ tertiæ partis, constitutæ vero pecuniæ partis dimidiæ.*

Après ces courtes observations, nous allons aborder les effets du cautionnement proprement dit et l'étude des rapports qu'il fait naître entre le créancier et la caution d'une part, entre la caution et les tiers d'autre part.

PREMIÈRE PARTIE

—

DES RAPPORTS ENTRE LE CRÉANCIER ET LA CAUTION.

Le cautionnement crée entre le créancier et la caution des rapports d'obligation qui sont régis par les règles ordinaires et aussi par des règles spéciales au cautionnement. Ces rapports du reste naissent avec le cautionnement et finissent avec lui, nous sommes donc amenés logiquement à étudier les causes de nullité et d'extinction du cautionnement auxquelles ils sont subordonnés. Puis, arrivant à l'hypothèse où le cautionnement n'est ni nul ni éteint, nous examinerons dans ce cas les différents bénéfices que la loi réserve à la caution et par lesquels elle tempère la rigueur du droit du créancier.

De la nullité du cautionnement.

Le *sponsor* et le *fidepromissor* accédaient exclusivement à une seule espèce d'obligation, à celle qui se contractait *verbis,* mais leur engagement était valable encore que l'obligation principale était nulle. *Nam illi quidem nullis obligationibus accedere possunt nisi verborum, quamvis interdum ipse qui promiserit non fuerit obligatus* (Gaius, III, § 119). Ainsi ils pouvaient répondre pour une femme, pour un pupille obligé sans le consentement de son tuteur, pour celui qui avait promis de donner après sa mort (Gaius, *loc. cit.*). Dans ce dernier cas ils intervenaient pour le promettant comme l'adstipulateur pour le stipulant (Gaius, III, § 110), afin de se soumettre personnellement à une action qui n'aurait point été donnée contre le promettant. Le fidéjusseur au contraire et les autres répondants pouvaient intervenir dans toute espèce d'obligation. *In omnibus autem obligationibus adsumi possunt, id est, sive re, sive verbis, sive litteris, sive consensu contractæ fuerint* (Inst., § 1, *de fidejussoribus*). Ils pouvaient garantir l'obligation née d'un délit (l. 56, D., *de fidejus.*), celle d'un esclave envers un étranger, envers son maître. Il importait peu que l'obligation fût civile ou simplement naturelle, mais il fallait une obligation valable (Gaius, III, § 119). Par exception cependant le cautionnement ne pouvait pas s'appliquer à l'obligation du mari, fût-elle valable, de restituer à la femme la dot qu'il avait reçue. Les empereurs Gratien, Valentinien, Théodose, ont décidé qu'un cautionnement ne pourrait plus intervenir dans une pareille hypothèse. Justinien renouvelle formellement cette prohibition et il en donne l'explication suivante : *Si enim credendam mulier sese, suamque dotem patri mariti existimavit, quare fidejussor, vel alius intercessor, exigitur ut causa perfidiæ in connubio eorum generetur* (l. 2, C., liv. V, *ne fidejussores vel mandatores dotium dentur*).

L'engagement contracté par le pupille sans l'autorisation de son tuteur est nul, il en est de même de l'engagement contracté par le prodigue interdit, par le *furiosus*, et le cautionnement qui interviendrait en pareille hypothèse serait nul. C'est ce qu'exprime le jurisconsulte Ulpien de la façon suivante : *Is cui bonis interdictum est.... non potest promittendo obligari, et ideo nec fidejussor pro eo intervenire poterit sicut nec pro furioso* (l. 6, D., *de verborum obligationibus*). Mais comment concilier cette décision qui paraît si simple et si raisonnable avec ce que dit ailleurs le même Ulpien ? *Marcellus scribit, si quis pro pupillo sine tutoris auctoritate obligato, prodigove vel furioso fidejusserit : magis esse ut ei non subveniatur : quoniam his mandati actio non competit* (l. 25, D., *de fidejussoribus*).

D'après Cujas il s'agirait dans ce second texte de Marcellus d'un pupille, d'un prodigue interdit, d'un *furiosus* valablement obligés, par exemple *quasi ex contractu,* et cela expliquerait comment un fidéjusseur a pu valablement accéder à l'obligation ; et à l'appui de son opinion Cujas invoque la loi 70, § 4, D., *de fidejussoribus,* dans laquelle le jurisconsulte Gaius distingue précisément entre le *furiosus* dont l'obligation est nulle et le *furiosus* valablement obligé. Il dit en effet : *Si a furioso stipulatus fueris non posse te fidejussorem accipere certum est, quia non solum ipsa stipulatio nulla intercessisset, sed ne negotium quidem ullum gestum intelligitur. — Quod si pro furioso jure obligato fidejussorem accepero tenetur fidejussor.*

Il serait cependant bien étonnant que Marcellus eût sous-entendu dans l'hypothèse de la loi 25 *de fidej.* cette circonstance essentielle que le pupille, le prodigue ou le *furiosus* étaient valablement obligés. Aussi M. Demangeat, tome II, 2e édition, page 275, pense, et nous nous rallions à son avis, que le texte de Marcellus a été remanié et maladroitement corrigé par les commissaires de Justinien et qu'il portait : *Si quis pro pupillo sine tutoris auctoritate obligato prodigove vel furioso spoponderit aut fidepromiserit.* C'est-à-dire que, dans l'hypothèse prévue par Marcellus, il s'agissait de l'engagement du *sponsor* et du *fidepromissor,* lequel engagement était valable, comme nous le savons, malgré la nullité de l'obligation principale (Gaius, III, § 119), et différait en cela de l'engagement du fidéjusseur, ce qu'avait voulu indiquer Marcellus dans le texte rapporté par Ulpien.

Une obligation contractée sous une condition impossible est nulle et le cautionnement qui viendrait s'y appliquer serait pareillement nul (l. 29, D., *de fidejussoribus*).

Lorsqu'un fils de famille vient à mourir, il ne laisse pas de succession, il ne laisse donc pas d'obligation dont une caution puisse se charger. Mais le père après la mort du fils de famille reste tenu encore pendant un an de l'action *de peculio* (l. 1, pr., D., *quando de peculio actio annalis est*), il pourrait donner un répondant pour la garantie de cette action (l. 18, D., *de senatusconsulto Macedoniano*).

Le *filiusfamilias* et la *filiafamilias* qui empruntent de l'argent au mépris du sénatusconsulte Macédonien ne s'obligent pas civilement. Nous lisons en effet, aux Institutes de Justinien (§ 7, *quod cum eo*) : *ei qui crediderit denegatur actio tam adversus ipsum filium filiamve quam adversus patrem.* Ni le père ni le fils ne seront obligés et il n'y a pas à distinguer entre le cas où le fils de famille serait encore en puissance et le cas où il serait devenu *sui juris*, et la caution qu'ils auront donnée pourra, comme eux, se prévaloir du sénatusconsulte, à moins qu'elle se soit engagée *donandi animo* ; c'est la décision de la loi 9, § 3, D., *de senatuscons. Macedoniano.*

Le sénatusconsulte Velleien défend à la femme l'*intercessio* pour autrui. — L'obligation qu'elle contracte lorsqu'elle fait un acte d'intercession n'a aucune valeur, et le tiers qui vient y accéder fait un acte nul, lors même qu'il aurait agi *animo donandi*, et qu'il n'aurait eu aucun recours à exercer : *quia totam obligationem senatus improbat* (l. 16, § 1, D., *ad senatuscons. Velleianum*).

Le sénatusconsulte rendu sur la proposition de Septime Sévère, qui défendait de vendre les fonds de terre appartenant aux mineurs et la constitution de Constantin (l. 22, C., *de administrat. tutorum*). qui a étendu cette prohibition à tous les objets composant le patrimoine des mineurs, défendaient par voie de conséquence d'admettre des cautions, parce que leur obligation se serait étendue au vendeur (l. 46, D., *de fidej.*, Argument d'analogie, loi 16, pr., D., *de fidej.*).

Si quelqu'un a donné en *mutuum* sans stipulation de l'argent qui ne lui appartenait pas, il n'a pas pu recevoir une caution ; mais si l'emprunteur avait consommé les deniers, il serait tenu d'une *condictio* à laquelle pourrait s'appliquer l'obligation de la caution, laquelle est engagée pour toutes les conséquences de la numération de la somme (l. 56, § 2, D., *de fidejussoribus*).

Si quelqu'un s'est porté caution d'un affranchi qui n'était pas l'affranchi de celui à qui il a promis des travaux serviles, il ne sera pas tenu de son cautionnement (l. 56, D., *de fidej.*)

Une personne a stipulé et l'autre a répondu le lendemain ou le jour même après avoir procédé à d'autres actes, il n'y a point de contrat verbal (loi 137, D., *de verborum obligationibus*). Après s'être obligée, une personne a subi la déportation, son obligation est éteinte (l. 47, pr., D., *de fidej.*) Dans les deux cas il n'y a pas de cautionnement possible. Le jurisconsulte Julien, dans la loi 15, pr., D., *de fidejussoribus*, prévoit le cas où un débiteur se serait obligé sans cause et aurait donné une caution. Il décide dans cette hypothèse que ce débiteur ne pourrait pas contraindre la caution à l'exécution de son obligation pour agir ensuite contre lui par l'action de mandat. Le droit d'opposer la nullité de l'obligatiou principale appartient à la caution malgré le débiteur.

Le maître peut recevoir une caution pour ce que l'esclave lui doit (l. 71, § 3, D., *de fidej.*) ; mais l'esclave ne pourrait pas recevoir de caution pour ce que son maître lui doit. Dans ce cas, en effet, la caution se trouverait obligée envers le maître pour le maître, ce qui n'est pas possible (l. 56, § 1, D., *de fidej.*).

Le créancier qui a prêté de l'argent à un esclave ne peut pas recevoir ce même esclave après son affranchissement comme caution de l'obligation naturelle qu'il a contractée. On ne peut pas être caution de soi-même.

Mais il peut l'accepter comme caution de l'obligation annale existant à la charge du maître (l. 21, D., *de fidej.*).

Si un fils de famille, pour une affaire de son pécule, s'est fait promettre par une caution la somme qu'il prêterait, et si le prêt ne s'est réalisé qu'après l'émancipation, la caution n'est tenue ni envers le père ni envers le fils, on décide cependant, *humanitatis causa,* qu'elle est tenue envers le fils (l. 47, § 1, D., *de fidej.*).

La caution ne doit pas être obligée envers un autre que celui envers qui le débiteur principal est obligé. Par application de cette règle, le jurisconsulte Julien décide que si l'esclave commun de Titius et de Sempronius, après avoir stipulé au nom de Titius, demande à la caution si elle promet de donner à Titius ou à Sempronius, la caution ne sera pas obligée envers Sempronius, qui pourra tout simplement recevoir le montant de la dette (l. 16, pr., D., *de fidej.*).

Nous voyons, par un autre texte de Marcien, que si j'ai stipulé dix pour moi ou pour Titius, Titius ne pourra pas recevoir une caution, parce qu'il n'est qu'un *adjectus solutionis gratia* (l. 23, D., *de fidej.*, et l. 7, § 1, *de pecunia constituta*).

L'obligation de la caution doit elle-même remplir certaines conditions pour sa validité, les unes de fond et communes à toutes les obligations, les autres de forme, suivant le mode employé pour la faire naître, les autres enfin spéciales à la matière du cautionnement.

L'obligation de la caution est sujette aux mêmes causes de nullité que l'obligation principale. Elle est nulle si elle a été contractée sous une condition impossible, si le tiers qui figure comme caution est un incapable, s'il n'y a pas eu accord de volontés. — Le consentement du fidéjusseur pourrait être entaché d'erreur, laquelle porterait sur le contrat lui-même comme dans le cas de la loi 18. D., *de rebus creditis ;* ou sur l'objet du contrat, comme dans le cas du paragraphe 23 aux Institutes *de inutilibus stipulationibus.* L'erreur alors serait *essentialis*, elle empêcherait la formation du contrat. Mais, si elle ne portait ni sur le contrat ni sur l'objet du contrat, si elle ne portait que sur les qualités de la chose, le cautionnement serait valable. Il faut aussi, sous peine de nullité, que la caution promette son propre fait. Comme le débiteur principal n'est tenu qu'à ce qu'il promet de donner ou de faire lui-même, de même les cautions ne sont tenues qu'à ce qu'elles promettent de faire ou de donner elles-mêmes, car elles promettraient en vain que le débiteur principal ferait ou donnerait, puisqu'on ne peut pas promettre le fait d'autrui. C'est la décision de la loi 65, D., *de fidej.*

Elle est applicable à toutes les cautions. Le *mandator* qui me charge de prêter de l'argent à Titius doit me promettre qu'il me le rendra lui-même et non pas me promettre que Titius me le rendra. Et à propos du pacte de constitut, Ulpien s'exprime de la façon suivante : « *Sed si quis constituerit alium soluturum, non se pro alio, non tenetur.* » (L. 5, § 4, D., *de pecunia constituta.*)

Lorsque le cautionnement revêt la forme de la fidéjussion il est en outre sujet aux nullités qui peuvent atteindre les stipulations. La fidéjussion se forme toujours *verbis* (Gaius, III, § 116) et entre personnes présentes, c'est-à-dire qu'elle ne peut pas se former par correspondance ou au moyen d'un *nuntius* (Gaius, III, § 136). La promesse du fidéjusseur doit concorder avec la stipulation du créancier. A l'origine, les termes de la demande doivent être exactement reproduits dans la réponse (Gaius, III, § 92), mais plus tard on se relâcha de cette rigueur, comme nous le voyons par la loi 1, § 2, *de verborum obligationibus*. Dès l'époque classique nous voyons dans un texte d'Ulpien, l. 4, § 3, D., *de fidej. tutorum*, que les fidéjusseurs des tuteurs qui, présents au moment de l'acte, auront laissé porter leurs noms sans protestation dans des actes publics, seront obligés comme s'il y avait eu stipulation. Au bas empire une constitution de l'empereur Léon de l'an 469 supprima les formules solennelles de la stipulation ; une interrogation et une réponse conforme furent toujours exigées, mais on put employer des termes quelconques (l. 10, C., *de contrahenda stipulatione*. Inst., § 1, *de verborum obligationibus*). Justinien dans sa constitution formant la loi 14 du Code, *de contrah. et commit. stipulatione*, décide en outre que si l'écrit qui relate une stipulation porte que les parties étaient présentes il faudra y ajouter foi si les parties se sont en réalité trouvées dans la même ville le jour de l'acte. Enfin Justinien déclare que dans les stipulations de fidéjusseurs on tiendra généralement pour constant tout ce qui est rapporté dans l'acte. C'est-à-dire que si une personne a reconnu par écrit s'être rendue fidéjusseur on présumera que toutes les solennités requises ont été observées (Inst., l. III, t. XX, *de fidej.*). Le *mandatum pecuniæ credendæ* et le pacte de constitut ont toujours été affranchis de toute condition de forme, ils pouvaient se former entre absents comme les contrats consensuels.

Arrivons aux nullités spéciales à la matière du cautionnement.

Le sénatusconsulte Velleien rendu en l'an 799 de la fondation de Rome défendait aux femmes l'*intercessio* pour autrui. *Velleiano senatusconsulto plenissime comprehensum est, ne pro ullo feminæ intercederent,* dit le jurisconsulte Paul dans la loi 1 au Digeste, *ad senat. Velleianum*. Le cautionnement sous toutes ses formes était interdit aux femmes, elles ne pouvaient même pas hypothéquer leurs biens à la sûreté de la dette d'autrui. *Totam obligationem senatus improbat* (l. 16, § 1, D., *ad senat. Velleia.*).

Au contraire la femme pouvait s'obliger pour autrui si c'était dans son intérêt personnel ; et si elle s'obligeait, partie dans son intérêt, partie dans l'intérêt d'autrui, elle ne pouvait invoquer le bénéfice du sénatusconsulte que pour ce qui excédait la mesure de son intérêt (l. 13, pr., D., *ad senatusconsult. Velleia.*). Mais le sénatusconsulte ne protégeait pas la femme qui aurait cherché à tromper le créancier. *Sed ita demum eis subvenit si non callide sint versatæ* (l. 2, § 3, D., même titre). De plus, elle pouvait, lorsqu'elle était poursuivie, renoncer à invoquer l'exception (l. 32, § 4, D., *ad senat. V.*). Enfin Justinien a déclaré que l'*intercessio* de la femme serait valable dans plusieurs cas particuliers. C'est ainsi qu'il décide, tranchant en cela une question controversée, que si une femme a cautionné l'obligation d'un esclave qui a promis une somme d'argent à son maître pour obtenir sa liberté, le sénatusconsulte ne recevra pas son application si l'affranchissement a eu lieu (l. 24, C., *ad s. V.*). Il décide également que la femme qui aura reçu, soit au moment du contrat, soit plus tard, le prix de son engagement ne pourra pas recourir à l'exception du sénatusconsulte (l. 23, C., *ad s. V.*). Enfin dans la loi 22 au *même titre* il maintient l'*intercessio* de la femme lorsqu'elle a pris soin de renouveler son engagement après un délai de deux ans. Les cautionnements qu'elle donne par ce second engagement sont obligatoires. Mais le même empereur Justinien, dans une voie opposée et pour un motif d'ordre public, déclare nul et de nul effet l'engagement de la femme, serait-il renouvelé, en faveur de son mari ; à moins qu'il ne soit établi que l'argent a été employé dans l'intérêt même de la femme (Novelle 134, ch. VIII).

Pendant que nous parlons de l'*intercessio* rappelons que l'esclave, à la différence du fils de famille, est incapable de s'obliger civilement en vertu d'un contrat (l. 14, D., *de obligat. et act.*), qu'il est par conséquent incapable d'intercéder *pro alio*, d'obliger le père de famille en jouant le rôle d'*intercessor*. Toutefois le maître serait tenu de *peculio* si l'esclave s'était porté fidéjusseur *in rem domini* ou *ob rem peculiarem*.

Nous allons dire un mot de deux lois spéciales aux *adpromissores* et qui dans certains cas viennent infirmer leur engagement. La première, dont le nom est inconnu, exige du créancier, qui reçoit des *sponsores* ou des *fidepromissores*, une *prædictio* relative à l'objet du cautionnement et au nombre des cautions qui interviennent, et faute par le créancier de satisfaire à cette prescription, elle permet aux cautions de demander dans un délai de trente jours et par une instance préjudicielle la nullité de leur engagement. Cette loi applicable d'abord aux *sponsores* et aux *fidepromissores* a été plus tard étendue par la pratique aux *fidejussores* (Gaius, III, § 123).

Une autre loi, la loi Cornélia de l'an 673, disposait qu'une personne ne pourrait s'obliger comme caution envers le même créancier pour plus de 20,000 sesterces dans la même année. Cette loi avait pour but de rendre les adpromissions plus sérieuses. Mais nous ne savons pas si elle prononçait la nullité du cautionnement d'une manière absolue ou seulement pour ce qui excédait les 20,000 sesterces. Le texte de Gaius n'a pu être restitué sur ce point, M. Pellat l'a rétabli dans le sens de la nullité absolue (Gaius, III, § 124). Cette loi est spéciale aux *adpromissores*, elle est inapplicable au *mandator* et au *constituens*. Ajoutons qu'elle admettait elle-même quelques exceptions. Elle est la première loi qui se soit occupée des *fidejussores*, il est donc probable qu'on a commencé à faire usage des fidéjusseurs quelque temps avant cette loi Cornélia qui est, comme nous l'avons dit plus haut, de l'année 673.

Étudions maintenant quelques causes de nullité fondées sur ce que l'obligation de la caution est une obligation accessoire, qu'elle doit en principe se modeler, se patronner sur celle du débiteur.

Nous trouvons d'abord un texte du jurisconsulte Javolénus d'après lequel l'obligation de la caution ne saurait avoir un autre objet que l'objet de l'obligation du débiteur. Si un créancier de dix reçoit une caution pour mille mesures de blé, cette caution ne sera pas obligée, dit Javolénus, parce qu'elle serait obligée à autre chose que ce à quoi le débiteur principal est obligé. Une somme prêtée ne pouvant pas s'estimer en marchandises comme des marchandises s'estiment en argent (l. 42, D., *de fidej.*).

Mais lorsque le débiteur principal s'était engagé à livrer un fonds et la caution l'usufruit de ce fonds, on pouvait se demander si l'obligation de la caution était nulle comme obligation *in aliud*, si au contraire elle était valable comme obligation *in minus*. C'est en ce dernier sens que Gaius se prononce (l. 70, § 2, *de fidej.*). Voilà les motifs qu'il donne de sa décision : *Sed quum usufructus fundi jus est, incivile est fidejussorem ex sua promissione non teneri.*

Cette règle que l'obligation de la caution ne saurait avoir d'autre objet que l'obligation principale ne s'applique pas au pacte de constitut. Le pacte de constitut en effet dans certains cas opère comme le paiement et le paiement peut se faire avec une chose autre que la chose due. Si donc nous supposons un débiteur obligé pour cent, le *constituens* pourra promettre une quantité de blé d'égale valeur (l. 1, § 5, D., *de pecunia constituta*).

Une règle commune à tous ceux qui cautionnent, c'est qu'ils ne peuvent pas s'obliger à payer plus que ce que doit le débiteur principal. Les empereurs Dioclétien et Maximien le disent expressément dans le cas d'un cautionnement par mandat. Si vous avez écrit, disent-ils, que vous paieriez au delà de ce qui avait été reçu en vertu de votre mandat, le président de la province ne permettra pas pour cela qu'on vous demande ce qui a été compté de plus que ne porte votre mandat (l. 22, C., *de fidej.*).

Mais le jurisconsulte Modestin fait remarquer que dans le cas où il y aurait deux codébiteurs, chacun d'eux étant obligé solidairement, soit que le fidéjusseur eût répondu pour l'un ou l'autre ou pour tous les deux, il serait obligé à toute la dette (l. 40., D, *de fidej.*).

Si la caution ne peut pas s'obliger à plus que ce que doit le débiteur principal, elle peut au contraire s'obliger à moins. Il y a sur ce point plusieurs décisions, notamment la suivante de Pomponius : *Fidejussores et in partem pecuniæ et in partem rei accipi possunt* (l. 9, D., *de fidej.*).

Mais qu'arrive-t-il lorsque l'obligation de la caution excède l'obligation du débiteur, est-elle nulle pour le tout, est-elle réductible au montant de l'obligation principale ? Il n'y a point de difficulté en ce qui concerne l'obligation du *constituens*. Un texte d'Ulpien nous apprend en effet que si un tiers s'est obligé à payer deux cents en vertu d'un pacte de constitut, pour un débiteur obligé seulement pour cent, ce tiers ne sera pas obligé au-delà de cent (l. 11, § I, D., *de pecunia constituta*). Dans ce cas l'obligation du *constituens* est nulle pour tout ce dont elle excède l'obligation principale, elle est valable pour le reste. Nous en dirions autant de l'obligation du *mandator*, nous avons vu précédemment en effet une constitution des empereurs Dioclétien et Maximien qui décide la question en ce sens.

En est-il de même de l'obligation du *fidejussor ?* La question est très-controversée. Nous avons cependant un texte d'Ulpien qui déclare radicalement nulle l'obligation du fidéjusseur dans notre hypothèse, le voici : *Illud commune est in universis qui pro aliis obligantur quod si fuerint in duriorem causam adhibiti placuit eos om-*

nino non obligari (l. 8, § 7, D., *de fidej.*). Des auteurs ont dit sur ce texte qu'il n'avait pas le sens qu'il paraissait avoir parce qu'il comprenait dans sa disposition tous les obligés *pro aliis*, par conséquent le *constituens*, et que cependant le même Ulpien (l. 11, § I, D., *de pecunia constituta*) n'annulait pas l'obligation de ce dernier lorsqu'elle dépassait celle du débiteur, qu'il la réduisait seulement à la mesure de celle-ci. Nous croyons au contraire que ce texte doit être pris à la lettre et qu'il consacre une solution parfaitement conforme aux principes rigoureux du droit romain. La fidéjussion est une obligation accessoire, et il est de l'essence d'une obligation accessoire de ne rien contenir de plus que la principale ; si donc un tiers contracte comme caution une obligation supérieure à celle du débiteur. il n'a rien fait, son obligation ne satisfait pas la condition requise pour sa validité, elle est nulle.

Mais l'excès ne s'estime pas seulement *quantitate*, il s'estime aussi *die*, *loco*, *conditione*, *modo* ; nous dirons donc d'une manière générale que la caution ne peut pas s'obliger à des conditions plus dures que le principal obligé, mais qu'elle peut s'obliger à des conditions moins dures (même loi 8, § 7, D., *de fidej.*).

Nous allons parcourir quelques espèces.

Si le débiteur principal était obligé purement et simplement, le fidéjusseur pourrait valablement s'obliger à terme ou sous condition. Au contraire, si le débiteur principal était obligé sous condition, le fidéjusseur ne pourrait contracter un engagement pur et simple, c'est ce que décide Ulpien (l. 8, § 7, *de fidej.*).

Si j'ai un débiteur obligé sous une condition, un fidéjusseur peut s'obliger envers moi sous cette condition *et* sous une autre, mais il ne pourrait pas s'obliger sous cette condition *ou* sous une autre ; car dans ce second cas, son obligation aurait plus de chances d'exister que celle du débiteur, elle serait plus onéreuse, elle devrait être déclarée nulle ; Gaïus cependant la déclare valable dans le cas où la condition commune serait arrivée la première (l. 70, D., *de fidej.*). Le même jurisconsulte décide que si le débiteur et le fidéjusseur sont obligés sous des conditions différentes, le fidéjusseur ne serait obligé qu'autant que la condition dont dépend l'engagement du débiteur serait arrivée la première. Dans le cas contraire, la caution se trouverait obligée alors qu'on ne saurait pas si le débiteur le sera, son engagement serait nul, (*même loi*). Dans le même sens, Julien dit encore que dans le cas d'une stipulation à terme, l'engagement du fidéjusseur qui se serait obligé sous condition est nul si la condition vient à se réaliser avant l'échéance du terme (l. 16, § 5, D., *de fidej.*). C'est dire implicitement que si le débiteur est obligé à terme, le fidéjusseur ne peut s'obliger dans un terme plus court. Et selon nous, cette loi est un argument d'une grande valeur contre l'opinion des interprètes du droit romain qui soutiennent que le fidéjusseur, à l'exemple du *constituens*, peut s'obliger à payer dans un terme plus court que celui qui appartient au débiteur principal. Le fidéjusseur pourrait au contraire s'obliger à payer dans un terme plus long, cela ne fait pas de difficulté (l. 8, § 7, D., *de fidej.*).

Le lieu peut encore rendre l'obligation plus dure, si

par exemple le fidéjusseur promettait de payer dans un lieu déterminé, alors qu'il n'avait rien été stipulé du débiteur quant au lieu du paiement; s'il promettait de payer dans un lieu plus éloigné que celui dans lequel le débiteur principal doit payer, dans les deux cas, le cautionnement ne serait pas valable (D., l. 16, § 1 et 2, *de fidej.*).

Toujours dans le même ordre d'idées, à savoir que le fidéjusseur ne peut pas s'obliger sous des conditions plus dures que le débiteur principal, nous dirons que si le créancier avait stipulé du débiteur pour lui ou pour Titius, il ne pourrait pas stipuler du fidéjusseur pour lui seulement, autrement le fidéjusseur serait privé du droit de payer à Titius, sa condition serait empirée. Si au contraire le créancier avait stipulé du débiteur pour lui seulement, il pourrait stipuler du fidéjusseur pour lui et Titius (l. 34, D., *de fidejuss.*).

De même, si le débiteur s'était obligé à livrer Stichus, et si le fidéjusseur avait promis de payer Stichus ou dix, le cautionnement serait nul, et le jurisconsulte Marcellus observe sur cette décision d'Ulpien que, dans ce cas, l'obligation du fidéjusseur n'est pas seulement nulle, parce qu'elle est plus dure que celle du débiteur, mais aussi parce qu'elle a un autre objet que celle du débiteur (l. 8, § 8, D., *de fidej.*).

Le créancier qui aurait stipulé du débiteur Stichus ou dix ne pourrait pas stipuler du fidéjusseur Stichus ou dix à son choix, parce que dans ce cas il rendrait pire la condition du fidéjusseur. Mais s'il avait stipulé Stichus et Pamphile, il pourrait stipuler Stichus ou Pamphile (l. 8, § 9 et 11, D., *de fidejuss.*).

Ces décisions ne sont pas applicables au *mandator* dont l'obligation est toujours valable, dans la limite de l'obligation principale, elles ne sont pas applicables non plus au *constituens*, dont l'obligation accède à la vérité à l'obligation du débiteur principal, mais ne se mesure pas précisément sur elle. Ulpien décide même dans le cas d'une obligation à terme qu'un tiers peut s'obliger purement et simplement comme *constituens* et il a soin de dire que c'est là la principale utilité du pacte de constitut (l. 3, § 2, D., *de pecunia constituta*).

Dans le cas d'une obligation conditionnelle, un tiers peut à la vérité s'engager comme *constituens*, mais son obligation est subordonnée à l'événement de la condition sous laquelle le débiteur principal est obligé, et si la condition ne se réalise pas, le pacte de constitut est nul (l. 19, § 1, D., *de pecunia constituta*). S'il n'y a pas d'obligation principale, il n'y a pas de cautionnement possible, par conséquent point de pacte de constitut. Ce pacte présuppose donc l'existence d'une obligation à laquelle il vient s'adjoindre, mais tout ce qu'exige la loi romaine, c'est que l'obligation existe au moment où il se forme. C'est en ce sens qu'il faut interpréter ces mots du préteur : *eamque pecuniam cum constituebatur debitam fuisse*. Si donc un tiers s'engage à payer une dette actuellement existante après l'époque où elle sera éteinte, une pareille convention sera valable, ce tiers sera obligé, la seule condition exigée par la loi, à savoir qu'une obligation principale existe au temps où se forme le pacte de constitut, étant remplie. Telle est la décision de Julien rapportée par Ulpien (loi 18, § 1, D., *de pecunia cons-*

tituta). C'est pour des hypothèses de ce genre qu'il sera surtout utile de faire intervenir le pacte de constitut.

Nous ajouterons pour terminer sur cette règle : *plus in accessione esse non potest quam in principali re,* qu'il ne faut pas en exagérer la portée, qu'elle doit s'entendre par rapport à ce qui est dû et à ce qui a fait l'objet de l'obligation, elle ne s'oppose pas à ce que le fidéjusseur soit obligé plus strictement que le débiteur principal, que l'exécution de son obligation soit plus énergiquement assurée que l'exécution de celle du débiteur. La caution peut être obligée civilement là où le débiteur principal n'est obligé que naturellement (l. 16, § 3, D., *de fidej.*) et si elle s'est engagée pour une personne qui jouit du bénéfice de compétence, elle pourra être contrainte au paiement de toute la dette par tous les moyens, au lieu que le débiteur principal ne peut l'être que dans la limite de ses facultés (l. 173, pr., D., *de regulis juris*).

Causes d'extinction du cautionnement.

Les modes d'extinction des obligations se divisaient dans le droit romain en deux grandes classes. Les uns opéraient *ipso jure* et pouvaient être invoqués à une époque quelconque de la procédure, ils pouvaient l'être pour la première fois devant le juge. Les autres, au contraire, opéraient *exceptionis ope,* ils ne pouvaient être invoqués devant le juge et le juge, ne pouvait en tenir compte qu'autant que le débiteur avait eu soin de faire insérer une exception dans la formule. Cette distinction qui s'était introduite avec le système formulaire ne disparut pas avec lui, parce qu'elle trouvait sa raison d'être dans les faits. Ainsi, lorsque le défendeur invoque un mode d'extinction *ipso jure,* il s'attaque directement à la prétention du demandeur ; quand il se défend *exceptionis ope,* au contraire, il ne nie pas précisément le bien fondé de la demande, mais il allègue l'existence de certains faits qui s'opposent à ce qu'il soit condamné. Son utilité pratique subsista donc à plusieurs points de vue, notamment en ce que l'extinction *ipso jure* pouvait être invoquée par toute personne intéressée, par exemple par un fidéjusseur; nous verrons qu'il n'en était pas toujours ainsi pour l'extinction *exceptionis ope,* et par exemple que le fidéjusseur ne pouvait pas toujours invoquer le pacte *de non petendo* que le créancier aurait fait avec le débiteur principal.

Modes d'extinction ipso jure.

Paiement. — Il éteindra l'obligation principale et du même coup il libérera la caution. Et peu importe, dit Justinien, que le paiement soit fait par le débiteur lui-même ou par un autre pour lui. Le débiteur qui paie libère ceux qui sont engagés pour lui et réciproquement la caution en payant se libère et procure au débiteur sa libération (Inst., pr., *quibus modis obligatio tollitur*).

Remarquons toutefois que ce que dit Justinien du paiement fait par le fidéjusseur n'est vrai qu'en faisant abstraction du bénéfice *cedendarum actionum,* dont nous parlerons plus loin.

Il est dangereux pour le débiteur de payer ce qu'il doit entre les mains d'un mineur de vingt-cinq ans à cause de l'*in integrum restitutio*, qui peut lui être accordée. — Si donc le débiteur ou le fidéjusseur, après avoir offert en justice la somme due, la consignent dans un dépôt public, cette consignation produira les mêmes effets que le paiement (l. 64, D., *de fidej.*).

Le débiteur doit payer la chose même qu'il doit, cependant, si le créancier y consentait, il pourrait donner *aliud pro alio*, et dans ce cas son obligation serait éteinte *ipso jure*, comme par le paiement (Inst., pr., *quibus modis obligat. tollitur*). — Gaius nous apprend cependant qu'il y avait eu discussion autrefois sur le point de savoir quel était l'effet de la *datio in solutum*. — Les Sabiniens l'assimilaient au paiement, les Proculiens, qui distinguaient les opérations juridiques, faisaient une différence entre la dation en paiement et le paiement, comme ils en faisaient une aussi entre l'échange et la vente, et n'accordaient à la *datio in solutum* qu'un effet extinctif *exceptionis ope* (Gaius, III, § 168).

Mais si en matière d'échange c'est la doctrine des Proculiens qui a prévalu, ici au contraire en ce qui concerne la dation en paiement, c'est la doctrine des Sabiniens qui l'a emporté. Justinien met sur le même rang la dation en paiement et le paiement (Inst., pr., *quibus modis obligatio tollitur*).

Mais comment les choses vont-elles se passer, si le créancier vient à être évincé de la chose qui lui a été donnée? Nous avons sur ce point deux textes conçus dans deux doctrines différentes. L'un d'Ulpien, la loi 24, pr., D., *de pigneratitia actione*, accorde au créancier évincé une action *utilis ex empto;* l'autre, de Marcien (l. 46, pr., D., *de solutionibus*), lui permet d'exercer son action primitive comme s'il n'y avait pas eu de dation en paiement. On a tenté de concilier ces textes. Le texte d'Ulpien, d'après Cujas, suppose que l'obligation avait pour objet une somme d'argent, et qu'ainsi le créancier a reçu *rem pro pecunia.* Dans ce cas, l'opération intervenue entre le créancier et le débiteur est une vente suivie de compensation et, l'éviction intervenant, le créancier peut recourir par une action *utilis ex empto.* Le texte de Marcien, au contraire, suppose que l'objet de l'obligation était autre chose que de l'argent, et que le créancier a reçu *rem pro re.* Le débiteur, dans ce cas, a fait une opération de la classe des opérations *do ut facias* : il a donné une chose pour obtenir sa libération. Mais la propriété n'a pas été transférée, le résultat espéré n'a pas été atteint, et le créancier a conservé son action primitive. Malheureusement cette explication très-ingénieuse vient se heurter contre un texte de Paul (l. 98, D., *de solutionibus*), lequel décide que lorsqu'un père a donné un bien à son gendre en paiement d'une dot qu'il a promise *filiæ nomine*, ce gendre peut, après l'éviction de la chose qui lui a été ainsi donnée, agir *ex dotis promissione.* Et il est très-probable que la dot promise était une somme d'argent, de sorte que le créancier avait reçu de son beau-père *rem pro pecunia.* D'autres interprètes permettent au créancier de choisir entre les deux actions et d'exercer celle qu'il lui plaît. Mais outre que ce système ne saurait se placer sous la protection d'aucun texte, il est encore contraire à l'équité, puisqu'il sacrifie le débiteur au créancier en mettant toutes les bonnes chances d'un côté, toutes les mauvaises de l'autre. D'après M. Demangeat (tome II, 2e édition, page 42), au sentiment duquel nous nous rallions, les textes sur lesquels nous discutons sont conçus, le texte d'Ulpien dans l'opinion Proculienne, le texte de Marcien dans l'opinion Sabinienne. Les Proculiens, nous le savons, distinguent soigneusement les opérations juridiques ; pour eux la *datio in solutum* n'est pas un paiement, et lorsqu'elle intervient, ils l'expliquent par l'intention qu'ont eue les parties, l'une de vendre, l'autre d'acheter, et de compenser les deux dettes. Si donc le créancier vient à être évincé, dans cette doctrine, c'est l'action *utilis ex empto* qu'il peut et qu'il doit exercer. Les Sabiniens assimilaient la dation en paiement au paiement lui-même. Pour eux l'éviction annulait la dation en paiement comme le paiement, et le créancier évincé pouvait exercer son action primitive. Si Justinien, qui avait adopté la manière de voir des Sabiniens en matière de dation en paiement (Inst., pr., *quibus modis obligat. tollitur*), avait rejeté les textes conçus dans l'opinion contraire et conservé seulement ceux de Marcien et de Paul que nous avons cités plus haut, nous dirions, dans le cas d'une éviction, que le créancier ayant conservé son action primitive se trouve avoir conservé en même temps les garanties, hypothèques et cautionnements qui l'accompagnaient.

Mais si Justinien, au contraire, avait entendu consacrer la doctrine d'Ulpien, et n'avait laissé subsister que par oubli les textes contraires, nous dirions qu'en cas d'éviction, la dette n'en demeurerait pas moins éteinte, et les cautions libérées par la dation en paiement, mais que le créancier pourrait se faire indemniser de tout le préjudice que lui cause l'éviction.

Acceptilatio. — Soit qu'elle s'applique à l'obligation du débiteur principal ou de la caution, elle éteint la dette comme le paiement, c'est un paiement fictif, *imaginaria solutio.* Elle peut cependant intervenir après un paiement réel pour en assurer la preuve, c'est ce que nous voyons par la loi 19, § 1, D., *de acceptilatione.* Mais elle ne peut s'appliquer qu'à une obligation verbale. Le débiteur qui ne serait pas obligé *verbis*, le *mandator pecuniæ credendæ,* le *constituens,* qui voudraient en faire usage, devraient d'abord transformer leur obligation en une obligation *verbis* au moyen d'une stipulation. L'*acceptilatio* faite à un fidéjusseur libère le débiteur lors même qu'il ne se serait pas obligé *verbis* (l. 13, D., § 7, *de acceptilatione*). Elle libère du même coup les autres cautions ; l'obligation principale tombant, les obligations accessoires doivent tomber. On discutait au temps de Gaius sur le point de savoir si l'acceptilation pouvait être valablement faite pour partie de la dette (Gaius, III, § 172) ; Justinien a fait prévaloir les vrais principes en décidant que l'acceptilation comme le paiement pouvait porter sur une partie de la dette (Inst., § 1, *quibus modis*). Mais l'acceptilation faite au fidéjusseur ne libère le débiteur qu'autant que l'obligation principale est déjà née au temps de l'acceptilation. Telle est la décision de la loi 13, § 9, D., *de acceptilatione.* Si le fidéjusseur avait obtenu acceptilation du créancier par la violence, celui-ci aurait action tant contre le débiteur que contre le fidéjusseur pour le quadruple (l. 9, § 8, D., *quod metus causa*).

Novation. — Elle libère le débiteur principal et les cautions d'une façon absolue. Toutes les fois, dit en effet le jurisconsulte Scévola, que le débiteur est libéré envers son créancier de manière qu'il reste naturellement obligé, le fidéjusseur est tenu de son obligation, mais si cette obligation a passé à un autre par novation, le fidéjusseur est libéré de droit ou par exception (l. 60, D., *de fidejuss.*). Le débiteur principal et sa caution seraient définitivement libérés lors même que la nouvelle obligation destinée à remplacer l'ancienne serait nulle, ce qui arriverait si le créancier pour nover avait stipulé d'un pupille non autorisé. Mais si le créancier avait stipulé d'un esclave il n'y aurait rien de fait, le premier débiteur resterait obligé comme si aucune stipulation n'était intervenue (Inst., § III, *quibus modis obligat.*). C'est à l'idée d'une novation qu'il faut rapporter ce que dit le jurisconsulte Paul : *Non possunt conveniri fidejussores, liberato reo transactione* (l. 68, § 2, D., *de fidej.*). Pour que la libération eût lieu de plein droit dans le cas d'une transaction il faudrait que les parties eussent employé la stipulation Aquilienne. Si elles se sont bornées à faire un pacte, le débiteur principal et le fidéjusseur pourront seulement invoquer l'exception du pacte.

La novation pourrait s'appliquer à l'obligation de la caution elle-même.

Litis contestatio.— Elle éteint l'obligation de plein droit dans le cas d'une instance légitime; elle ne l'éteint au contraire qu'*exceptionis ope* dans le cas d'un *judicium imperio continens* (Gaius, III, § 180).

Après la *litis contestatio*, dit Gaius, la prétention du demandeur n'est plus *debitorem dare oportere*, elle est *debitorem condemnari oportere*. Les fidéjusseurs qui ont accédé à la première obligation sont donc libérés puisque cette obligation n'existe plus. *Electo reo principali, fidejussor vel heres ejus liberatur* (*Sentences* de Paul, l. 2, t. XVII, § 16). Le créancier était le maître de s'adresser soit au débiteur principal, soit au débiteur accessoire. Il a fait son choix, il ne peut s'en prendre qu'à lui s'il a attaqué le moins solvable des deux. S'il avait des doutes il pouvait diviser son action, dans ce cas la libération tant du débiteur actionné que des autres n'aurait été que partielle et le créancier aurait pu revenir contre eux pour le restant de la dette, sauf la restriction résultant de l'exception *litis dividuæ* (Gaius, IV, § 122). Pour que le fidéjusseur soit libéré par la contestation en cause, il faut que celui qui a été actionné soit le débiteur lui-même et que ce soit son obligation personnelle qui ait été mise en jugement. C'est pourquoi le fidéjusseur d'un esclave ne serait pas libéré parce que le créancier aurait actionné le maître *de peculio* (l. 84, D., *de solutionibus*).

Cet effet extinctif de la *litis contestatio* ne se produisait pas à l'égard de l'obligation du *mandator* et du *constituens*. Cela avait fait doute pour le *constituens* au dire du jurisconsulte Ulpien, mais il ajoute : *Tutius est dicere, solutione potius ex hac actione facta liberationem contingere, non litis contestatione : quoniam solutio ad utramque obligationem proficit* (l. 18, § 3, D., *de pecunia cons-*

tituta). Quant au *mandator*, son obligation était parfaitement distincte de celle du *reus*, de l'emprunteur, et la *litis contestatio* qui intervenait sur les poursuites du créancier contre l'un d'eux ne libérait pas l'autre, c'est ce que nous voyons par le paragraphe 16 du livre II, titre XVII, des *Sentences* de Paul que nous avons cité plus haut et qui se termine par ces mots : *Non idem in mandatoribus observatur*. Justinien a aboli cette différence entre le fidéjusseur et les autres cautions et déclaré que les choses se passeraient désormais pour le fidéjusseur comme elles se passaient déjà autrefois pour le *mandator* (l. 28, D., *de fidej.*), en un mot il a aboli l'effet extinctif de la *litis contestatio*.

Interitus rei debitæ. — L'obligation de fournir un corps certain se trouve éteinte lorsque ce corps certain vient à périr sans que cela soit imputable au débiteur et avant qu'il ait été constitué en demeure ; dans le même cas les cautions sont libérées. Mais si la chose avait péri par la faute du débiteur, ou après sa mise en demeure, le débiteur et les cautions continueraient à être tenus comme auparavant (l. 58, § 1, D., *de fidej.*). Cette décision n'aurait pas lieu si le débiteur s'était simplement montré négligent, s'il avait laissé périr la chose faute de soins (l. 91, pr., D., *de verb. obligat.*).

La caution est bien obligée pour le débiteur principal, mais le débiteur principal n'est point obligé pour la caution. Si donc la chose vient à périr par le fait ou la faute de la caution ou depuis qu'elle a été mise en demeure, celle-ci sera tenue ou d'une action de dol ou de l'action originaire, mais le débiteur principal sera libéré (l. 19,

D., *de dolo malo*, et l. 88, D., *de verborum obligationibus*). Les autres cautions seront également libérées par application de la loi 178, D., *de regulis juris.*

Confusion. — Elle a pour effet de rendre dans certains cas l'exécution de l'obligation impossible. Si elle se produit entre le créancier et le débiteur, l'obligation principale est éteinte, et comme on ne peut pas être débiteur *pro eodem apud eumdem*, disent les textes et notamment la loi 21, § 3, D., *à notre titre*, les fidéjusseurs sont libérés.

Le jurisconsulte Paul donne la même décision pour le *mandator pecuniæ credendæ* (l. 71, pr., D., *de fidejuss.*). C'est une vérité absolue qui s'appliquerait également au *constituens.*

Si la confusion se produisait entre le créancier et l'un de deux codébiteurs solidaires, l'autre codébiteur ne serait pas libéré et il continuerait à être tenu pour le tout ou pour partie suivant qu'il y aurait ou qu'il n'y aurait pas de société entre lui et son codébiteur, et sa caution resterait tenue avec lui, de la même manière que lui. Paul dit en effet de la confusion : *Potius eximit personam ab obligatione quam tollit obligationem.*

Par application de cette idée nous déciderions, dans le cas où la confusion se produirait entre le créancier et l'un des fidéjusseurs, que les autres ne seraient pas libérés, ils continueraient à être tenus absolument comme auparavant.

Mais dans le cas où il y a confusion entre le créancier et le fidéjusseur, le débiteur n'est certainement pas libéré : quel est le recours qui pourra être exercé contre lui ? L'action du créancier, disent les textes, et notamment la loi 21, §§ 3 et 5, 1 D., *de fidej.*, puisque le débiteur reste obligé. Si cependant le créancier avait déjà exercé son action contre la caution, c'est l'action *mandati contraria* qu'il devrait employer contre le débiteur d'après Pomponius (l. 2, D., *mandati vel contra*).

Nous voyons par un texte d'Africain, la loi 38, § 5, D., *de solut. et liberat.*, que lorsque la confusion se produisait entre le débiteur et la caution elle éteignait l'obligation du certificateur.

Mutuel dissentiment. — Le simple consentement lorsqu'il a suffi pour former un contrat suffit aussi pour le dissoudre et alors les parties sont déliées de leurs obligations pourvu que les choses soient encore entières. Ce mode d'extinction peut s'appliquer à l'obligation du *mandator* et du *constituens*.

Un simple pacte suffit toujours pour éteindre complétement l'obligation naturelle avec tous ses accessoires, l'obligation du mineur par exemple et celle de sa caution. C'est ce que nous voyons par un texte de Papinien, la loi 95, § 4, au Digeste, *de solutionibus*, ainsi conçu : *Vinculum equitatis, quo solo sustinebatur, conventionis æquitate dissolvitur.*

L'action *furti*, l'action *injuriarum* s'éteignent de la même manière : *Quædam actiones per pactum ipso jure tolluntur : ut injuriarum item furti* (l. 17, § 1, D., *de pactis*).

Le serment appliqué à l'obligation naturelle l'éteindrait également de plein droit (l. 95, § 4, D., *de solutionibus*).

Laps de temps. — Dans l'ancien droit romain l'obligation du *sponsor* et du *fidepromissor* s'éteignait par leur mort, leurs héritiers n'en étaient pas tenus. Gaius ajoute cependant : *Nisi de peregrino fidepromissore quæramus et alio jure civitas ejus utatur* (C. 3, § 120).

Aux termes de la loi Furia, le *sponsor* et le *fidepromissor* étaient encore libérés après l'expiration d'un délai de deux ans. Ce délai de deux ans courait du jour où l'obligation principale était devenue exigible (M. Demangeat, tome II, 2me édition, page 278, note 5).

Modes d'extinction exceptionis ope.

De l'in integrum restitutio. — Elle est en général un moyen d'éteindre la dette principale. Mais elle est quelquefois fondée sur une faveur personnelle au débiteur, c'est-à-dire qu'elle ne fournit pas toujours à la caution une exception à l'aide de laquelle elle puisse invoquer sa libération. C'est là l'idée du jurisconsulte Paul dans ce texte que nous reproduisons : *Idem dicitur si quis fidejusserit pro minore* XXV *annis circumscripto ; quod si deceptus sit in re, tunc nec ipse ante habet auxilium quam restitutus fuerit, nec fidejussori danda est exceptio* (l. 7, § 1, D., *de exceptionibus*). D'après Paul, le fidéjusseur d'un mineur *circumscriptus* peut se défendre par une exception *rei cohærens,* probablement l'exception *rei prætoriæ,* et obtenir ainsi sa libération. S'il y a eu simplement lésion, d'après le même jurisconsulte, il ne peut être question d'exception pour le fidéjusseur qu'autant que le mineur aurait obtenu la restitution *in integrum* et même dans ce cas le magistrat refusera le plus souvent l'exception au fidéjusseur. Le *mandator pecuniæ credendæ*, par exemple, serait difficilement admis à se prévaloir de l'*in integrum restitutio. Facilius in mandatore dicendum erit non debere ei subvenire, hic enim velut affirmator fuit et suasor ut cum minore contraheretur* (l. 13, pr., D., *de minor.*).

Le mineur de vingt-cinq ans, lors même qu'il a un curateur, peut encore contracter une obligation valable, sauf pour lui le droit à l'*in integrum restitutio*. Cela résulte expressément de ce texte de Modestin : *Puberes sine curatoribus suis possunt ex stipulato obligari.* Tel était le droit classique. Mais nous croyons qu'il fut modifié par un rescrit des empereurs Dioclétien et Maximien formant la loi 3 au Code *de in integrum restitutione*. Par ce rescrit, les empereurs distinguent si le mineur a un curateur ou s'il n'en a pas. Dans le premier cas, l'obligation que contracte le mineur est nulle comme celle que contractent le pupille et le prodigue interdit. Et la nullité de l'obligation principale entraîne la nullité de l'obligation accessoire. Dans le second cas, le mineur de vingt-cinq ans contracte une obligation valable, mais qui peut être rescindée pour cause de lésion par voie d'*in integrum restitutio*, et nous savons que la caution en règle générale ne pourra pas se prévaloir de ce mode d'extinction de l'obligation principale.

Compensation. — Nous voyons aux Institutes de Justinien (l. 30, *de actionibus*) qu'elle éteint les actions *ipso jure ;* mais les auteurs ne s'accordent pas sur le sens de ces expressions. Les uns, parmi lesquels Pothier, *Traité des obligations*, n° 635, soutiennent qu'en droit romain la compensation se produisait par la seule vertu de la loi sans qu'elle eût été prononcée par le juge ni même opposée par aucune des parties. Dans cette opinion, lorsque le débiteur devenait créancier de son créancier, la dette était éteinte avec tous ses accessoires ou pour le tout, ou jusqu'à concurrence de la somme dont le débiteur était devenu créancier, et les cautions étaient libérées de la même manière.

Dans un autre système que nous croyons le meilleur, on soutient que Justinien, lorsqu'il a déclaré que la compensation s'opérerait de plein droit, a simplement voulu exprimer que désormais, dans aucun cas, le défendeur n'aurait besoin pour invoquer une cause de compensation d'employer la forme de l'*exceptio doli mali.*

Ainsi, dans cette seconde opinion, le débiteur même après Justinien doit invoquer la compensation, et ce n'est qu'autant que le juge l'aura prononcée, que la dette sera éteinte et les cautions libérées dans la mesure indiquée plus haut. La caution pourra elle-même invoquer une cause de compensation du chef du débiteur qu'elle a cautionné et elle profitera de la compensation prononcée par le juge ou convenue entre son cofidéjusseur et le créancier.

De l'exception de pacte. — Lorsque le créancier convient avec le débiteur principal de ne lui point demander le paiement de la dette, il ne peut plus s'adresser aux cautions. Celles-ci en effet se retourneraient par l'action *mandati contraria* contre le débiteur principal qui se trouverait ainsi privé du bénéfice du pacte qu'il aurait fait avec le créancier. C'est la décision de la loi 32, D., *de pactis.* Toutefois, si la caution ne devait pas avoir de recours contre le débiteur, si elle avait cautionné *animo donandi,* le créancier qui aurait fait la remise serait censé l'avoir faite dans l'intérêt seulement du débiteur, il conserverait le droit d'agir contre la caution (*même loi*). Mais le débiteur qui a fait un premier pacte avec le créancier peut-il en détruire l'effet par un second pacte, malgré les cautions? Furius Anthianus décide que non (l. 62, D., *de pactis*). Mais la loi 27, § 2, D., *même titre,* paraît consacrer une décision contraire. Les auteurs cependant sont d'accord qu'il faut s'en tenir au premier texte, et M. Bugnet, dans sa note sur le n° 380 des *Obligations* de Pothier, pense que la loi 27 prévoit une autre question que celle qui nous occupe. Il pourrait arriver que le créancier en faisant le pacte de remise avec le débiteur principal se réservât le droit d'agir contre le fidéjusseur. Celui-ci, dans une pareille hypothèse, ne pourrait pas invoquer l'exception de pacte, telle est la décision de la loi 22, D., *de pactis*.

Le *mandator pecuniæ credendæ,* au contraire, ayant le droit, lorsqu'il paie, de demander au créancier la cession des actions qu'il a contre le débiteur, pourrait se refuser au paiement si le créancier s'était mis dans l'impossibilité de lui céder lesdites actions. Mais la novelle IV de Justinien vint rétablir sur ce point l'égalité entre le *mandator* et les autres cautions en décidant que le créancier devait s'adresser d'abord au débiteur principal avant de s'adresser à la caution.

Le pacte fait avec la caution ne profite pas au débiteur principal, car la caution n'a pas à craindre de recours de la part du débiteur. Ce même pacte ne profitera pas davantage au cofidéjusseur (l. 23, D., *de pactis*). Le jurisconsulte Paul nous dit cependant que d'après Julien, il pourra se présenter des cas dans lesquels le pacte pourra être invoqué par le débiteur principal sous la forme de l'exception de dol (l. 25, D., *de pactis*). Cela arriverait, si le créancier, en faisant la remise, avait entendu renoncer à tout droit de poursuite.

Acceptilation. — L'acceptilation appliquée à une obligation contractée *re* et qu'on n'aurait pas eu soin de nover n'éteindrait pas la dette *ipso jure*, mais elle pourrait produire une exception que le débiteur principal et la caution pourraient invoquer (l. 8, pr., D., *de acceptilatione*).

Legs de libération. — Ce legs n'éteint pas la dette *ipso jure*, il procure seulement au débiteur une exception par laquelle il se défendra contre l'héritier du testateur. Mais ce débiteur n'est pas forcé d'attendre les poursuites, il peut prendre les devants et agir *ex testamento* contre l'héritier pour qu'il le libère au moyen d'une *acceptilatio*, par exemple. Toutefois, cela ne serait pas possible dans le cas où le créancier aurait légué sa libération à l'un de deux codébiteurs solidaires qui ne seraient pas *socii*. Le légataire ne pourrait pas exiger que l'héritier lui fît une acceptilation qui libérerait du même coup son codébiteur, probablement malgré la volonté du testateur ; mais il pourra se faire consentir un pacte qui lui permettra de repousser les poursuites que l'héritier pourrait diriger contre lui (l. 3, § 3, D., *de liberatione legata*). De même, lorsque le créancier a fait le legs de libération au profit d'une simple caution, le principe est que l'héritier est simplement tenu de consentir au légataire un pacte *de non petendo* (l. 5, § 1, D., *même titre*).

Exception rei in judicium deductæ. — Elle est mentionnée, par Gaius, parmi les exceptions péremptoires (C. IV, § 121). Elle existait au profit de celui qui avait été actionné dans la forme d'un *judicium imperio continens* (Gaius, C. IV, § 105). Cette instance, en effet, n'éteignait point la dette *ipso jure*, et le débiteur, pour se défendre contre une nouvelle attaque du créancier, devait recourir à une exception. Le fidéjusseur pouvait invoquer la même exception, soit qu'il eût été poursuivi lui-même, soit que le créancier ait actionné le débiteur principal ou un autre fidéjusseur. Il en était de même du *constituens* et du *mandator*, sauf ce que nous allons dire du *mandator*, à propos de l'exception *rei judicatæ*.

Exception rei judicatæ. — Dans l'ancien droit, le défendeur n'avait pas besoin de l'exception *rei judicatæ*, lorsqu'il avait été actionné dans la forme d'un *judicium legitimum ;* le droit du demandeur se trouvait alors éteint *ipso jure*. Sous Justinien, le système du *judicium imperio continens* a prévalu, c'est toujours à titre d'exception que le défendeur invoque la chose jugée. Aussi, nous voyons aux Institutes de Justinien (§ 5, *de exceptionibus*) que la chose jugée n'est point une cause d'extinction des obligations et que le créancier, après avoir intenté une première action, peut en intenter une seconde contre le débiteur, mais que celui-ci est défendu par une exception. Cette exception est *rei cohærens* (l. 7, § 1, D., *de exceptionibus*), elle appartient donc au fidéjusseur, non-seulement quand il a obtenu lui-même le jugement, mais encore lorsqu'il a été rendu en faveur du débiteur principal, *res judicata secundum alterutrum eorum, alteri proficiet* (l. 42, D., *de jurejurando*), ou en faveur d'un cofidejusseur Le *constituens* aurait le même droit, mais le *mandator pecuniæ credendæ,* au contraire, ne pourrait pas se prévaloir de ce qu'un des *mandatores* aurait été poursuivi et absous (l. 52, § 3, D., *de fidej.*).

Du serment. — Le serment déféré par le créancier et prêté volontairement par le débiteur principal n'éteint pas la dette; mais comme il serait inique, disent les Institutes, § 4, *de exceptionibus,* d'examiner s'il y a eu parjure, le débiteur pourra se défendre par l'exception de serment. Le serment produit les effets du paiement, nous dit Gaius (l. 27, D., *de jurejurando*). Nous en tirons cette conséquence que la caution peut opposer le serment prêté par elle, par le débiteur principal et les autres cautions. Elle pourra opposer le serment prêté par le débiteur principal parce que ce serment suppose un pacte conclu entre le créancier et le débiteur principal, et nous savons déjà qu'en principe un pareil pacte fournit une exception à la caution. Du reste, la loi 7, § 1, D., *de exceptionibus*, range expressément l'exception *jurisjurandi* parmi les exceptions *rei cohærentes.* Aussi le jurisconsulte Pomponius s'exprime en ces termes : *Si reus juravit fidejussor tutus sit, quia et res judicata secundum alterutrum eorum utrique proficeret* (l. 42, § 3, D., *de jurejurando*). Réciproquement, le débiteur principal pourra invoquer le serment prêté par la caution comme il pourrait invoquer la chose jugée au profit de celle-ci (*même loi*). Les cautions pourraient aussi au moyen d'une exception de dol se prévaloir du serment prêté par une caution. Cela ne serait vrai cependant que pour les *fidejussores* et les *constituentes*. Les *mandatores* en effet, aux termes de la loi 52, § 3, D., *de fidej.*, ne peuvent pas invoquer la chose jugée au profit de l'un d'eux, nous en concluons qu'ils ne pourront pas davantage invoquer le serment prêté par l'un d'eux. Nous le décidons ainsi malgré la loi 2 au Digeste, *de jurejurando*, qui porte : *jusjurandum speciem transactionis continet majoremque habet auctoritatem quam res judicata*.

Ce que nous venons de dire s'applique au serment volontaire ; s'il s'agissait du serment nécessaire, d'un serment prêté devant le magistrat, ce dernier ne délivrerait pas de formule dans laquelle il insérerait une exception, il refuserait toute action (l. 9, D., *de jurejurando*).

De l'exception non numeratæ pecuniæ. — Lorsqu'une personne stipule d'un tiers une somme qu'elle est sur le point de lui prêter et qu'après l'accomplissement des formalités de la stipulation elle refuse de lui compter les écus, ce tiers n'en est pas moins tenu, *ex stipulatu*. Mais comme il serait inique que ce tiers fût condamné, on lui permet de se défendre par l'exception *non numeratæ pecuniæ*.

La caution aurait le même droit que le débiteur, car cette exception est de la classe des exceptions réelles.

Le délai dans lequel le débiteur pouvait opposer l'exception *non numeratæ pecuniæ* était primitivement de cinq ans. Il a été réduit à deux ans par Justinien (l. 14, C., *de non num. pecun.*). Si dans ce délai le débiteur n'était pas poursuivi, il devait *condicere obligationem*, sous peine de rester définitivement tenu.

De l'exception de violence et de dol — La loi 7, § 1, D., *de exceptionibus*, range ces exceptions parmi les exceptions *rei cohærentes*, elles pourront donc être opposées aussi bien par les cautions que par le débiteur principal, c'est ce que décide le jurisconsulte Ulpien dans le texte suivant : *Si quis per vim sistit promittendo, postea fidejussorem adhibeat : is quoque liberatur*. Scévola pose la question de savoir si l'exception de dol pourrait être opposée au créancier par la caution qui lui aurait donné l'ordre de poursuivre le débiteur en remboursement ou de vendre les gages sans qu'il ait tenu compte de cet ordre et il se prononce pour la négative (l. 62, D., *de fidej.*). Le pacte de constitut fait par le créancier avec un tiers dans le but d'éteindre la dette primitive fournirait au débiteur principal et aux cautions une exception de dol.

Prescription. — Elle rend le créancier non re cevable à exercer son action après un certain temps et produit une exception *in rem* que les cautions peuvent invoquer. Les actions honoraires en général ne durent qu'un an, quelquefois cependant elles sont perpétuelles comme les actions civiles. L'action *furti manifesti*, bien que prétorienne, est une action perpétuelle. Aux termes d'une constitution de Théodose le Jeune qui forme la loi 3 au Code, *de præscriptione* XXX *vel* XL *annorum*, toutes les actions devinrent prescriptibles par trente ans à compter du jour où elles avaient pris naissance à l'exception cependant des actions appartenant aux pupilles. L'empereur Anastase établit une prescription de quarante ans et l'empereur Justin l'appliqua spécialement à l'action hypothécaire dirigée contre le débiteur (l. l. 4 et 6, C. Même titre que plus haut). La prescription de la dette principale fournirait aux cautions une *exceptio rei cohærens*.

Sentence arbitrale. — Elle entraîne une peine contre le créancier qui, au mépris de ladite sentence arbitrale, s'attaquerait au débiteur principal ou à la caution (l. 29, D., *de receptis*). Elle n'est pas à proprement parler un mode d'extinction de la dette *exceptionis ope*, car le jurisconsulte Ulpien en la loi 2, D., *de receptis*, s'exprime ainsi : *Ex compromisso placet exceptionem non nasci sed pœnæ petitionem*, mais c'est un moyen indirect d'échapper au paiement d'une obligation qui d'après le droit civil continue d'exister.

Après nous être occupés des moyens par lesquels la caution peut établir la nullité ou l'extinction du cautionnement, nous arrivons à l'étude des moyens dilatoires par lesquels elle peut ou retarder l'exécution de son obligation ou rejeter sur ses cofidéjusseurs une portion du fardeau de la dette. Nous nous occuperons particulièrement des bénéfices de discussion, de division et du bénéfice *cedendarum actionum*.

Du bénéfice de discussion.

Justinien enseigne dans la novelle IV que le bénéfice de discussion avait existé autrefois et que tous ceux qui s'étaient obligés pour autrui ne pouvaient être actionnés qu'après la discussion du débiteur principal. Il ajoute que sous l'influence du grand Papinien et à cause des longueurs de la discussion les particuliers avaient abandonné ce droit.

Nous trouvons en effet, au Code de Justinien, des constitutions, l'une d'Antonin Caracalla, l'autre des empereurs Dioclétien et Maximien, qui consacrent pour le créancier la faculté d'agir tout d'abord contre la caution, fidéjusseur ou mandant. Voici le texte de la constitution d'Antonin Caracalla : *Jure nostro potestas est creditori, relicto reo, eligendi fidejussores, nisi inter contrahentes aliud placitum doceatur* (l. 5, C., *de fidej.*).

Ces derniers mots du texte font allusion à ce que les interprètes modernes ont appelé la *fidejussio indemnitatis*. Il en est question dans différents textes que nous allons rapprocher et comparer. Nous lisons dans la loi 116 au Digeste, *de verborum obligationibus*, de Papinien : si après avoir stipulé dix de Titius vous stipulez de Mævius *quanto minus a Titio consequi posses*, Mævius est bien exposé à payer les dix, mais il ne sera pas libéré après que vous aurez demandé les dix à Titius, il ne le sera qu'après que Titius aura exécuté la condamnation prononcée contre lui. Et le jurisconsulte Paul fait observer sur ce texte que Titius et Mævius ne sont pas *duo rei ejusdem obligationis*, que Mævius est obligé sous la condition que Titius ne pourra payer et que, tant que cette condition est pendante, il ne peut pas être actionné. Celsus, au contraire (l. 42, D., *de rebus creditis*), enseignait que Mævius dans l'espèce pouvait être actionné avant le *reus*, pour tout ce qu'on ne pourrait pas recouvrer contre lui. Mais si nous nous en tenons à la doctrine de Paul, nous voyons que cette fidéjussion était utile au créancier qui n'avait point à craindre l'effet extinctif de la *litis contestatio*, et au fidéjusseur qui ne pouvait être poursuivi qu'après le débiteur principal.

La pratique cessa d'en faire usage lorsque Justinien par la loi 28, C., *de fidej.*, eut supprimé l'effet extinctif de la *litis contestatio* et qu'il eut plus tard par la novelle IV rétabli le bénéfice de discussion. Quand la législation eut ainsi réalisé ce double progrès, la *fidejussio indemnitatis* ne présenta plus aucun avantage ni pour le créancier ni pour le fidéjusseur qui pouvait renvoyer à la discussion des biens du débiteur principal.

Nous voyons aux Institutes, *de mandato*, § 2, que le mandat peut intervenir dans l'intérêt du mandant et du mandataire, lorsque, par exemple, le fidéjusseur, sur le point d'être actionné, donne mandat au créancier de poursuivre le débiteur à ses risques et périls. Oui, dans une pareille hypothèse et avant que Justinien eût aboli l'effet extinctif de la *litis contestatio*. On pouvait concevoir que le mandat était donné dans l'intérêt du mandataire, puisque le créancier, après avoir épuisé les biens du débiteur principal, pouvait revenir contre le fidéjusseur sans qu'il eût à craindre aucune fin de non-recevoir, le mandat étant donné aux risques et périls du mandant, le fidéjusseur. Mais après l'innovation introduite par la loi 28 au Code, un mandat de ce genre ne se comprend plus. Or, la loi 28 est antérieure de deux ans aux Institutes, c'est donc par inadvertance que les rédacteurs des Institutes ont conservé au titre du mandat l'exemple dont nous venons de parler.

Justinien fait cette remarque que les particuliers dans

les contrats de cautionnement font des réserves pour se prémunir contre l'effet extinctif de la *litis contestatio* et il trouve raisonnable de mettre la loi d'accord avec les mœurs et de faire de l'exception la règle. Il veut que le créancier qui s'est fait donner un *fidéjusseur* ait les mêmes droits que celui qui a reçu le mandat de prêter de l'argent; il veut qu'il puisse s'adresser au débiteur et revenir ensuite contre le fidéjusseur sans qu'il en résulte pour lui aucune déchéance, et si nous remarquons que déjà le *constituens* était assimilé au mandataire, quant au point qui nous occupe, nous ferons cette réflexion qu'à partir de cette loi 28 les trois formes de cautionnement se sont rapprochées et ont fait un pas vers l'unité.

L'abolition de l'effet extinctif de la *litis contestatio* était le préliminaire indispensable du bénéfice de discussion auquel nous revenons.

La novelle IV, chapitre I, dispose que le créancier ne peut plus s'adresser tout d'abord à la caution, il doit s'adresser en premier lieu au débiteur principal. *Veniat primum*, dit le texte, *ad eum qui aurum accepit debitumque contraxit.*

La caution n'a pas seulement la faculté de renvoyer le créancier à la discussion du débiteur principal, le créancier ne doit même pas s'attaquer à elle et il supporterait les frais des poursuites qu'il exercerait mal à propos contre elle.

Par exception, la novelle permet au créancier de s'attaquer tout de suite à la caution lorsque le débiteur principal est absent. Toutefois elle permet au juge de fixer un délai pendant lequel la caution pourra représenter le débiteur principal, mais après l'expiration dudit délai elle pourra être contrainte d'exécuter l'obligation dont elle s'est chargée. De plus les banquiers auxquels on pouvait opposer le bénéfice de discussion lorsqu'ils étaient créanciers ne pouvaient pas l'opposer lorsqu'ils étaient débiteurs. *Argentariorum quippe sponsionibus in ordine moderno durantibus* (novelle IV, ch. III, § 1).

Nous voyons cependant dans la novelle CXXXVI qu'ils peuvent valablement stipuler qu'ils pourront poursuivre le débiteur ou la caution, à leur choix, et cela à cause de leur zèle dans l'exécution des contrats publics, et la novelle a soin de dire que cette faveur n'a rien de contraire à la loi puisque chacun peut renoncer à un privilége établi en sa faveur. En un mot, on leur accorde sous la forme d'une faveur ce qui était simplement permis à tout le monde.

Du bénéfice de division.

Nous voyons dans Gaius (C. III, § 122) que les *sponsores* et les *fidepromissores* étaient tenus *in solidum*, mais qu'une loi Apuleia, applicable dans tout l'empire, avait établi entre les *sponsores* ou *fidepromissores* d'un même débiteur une sorte de société. De sorte que si l'un d'eux avait payé au créancier plus que sa part il pouvait recourir contre les autres par une action *pro socio*. Cette loi qui accordait aux créanciers les garanties nécessaires sans sacrifier les cautions était de nature à procurer aux débiteurs un crédit raisonnable, malheureusement elle fut suivie de la loi Furia qui vint en réalité compromettre l'institution de la *sponsio*. La loi Furia rendue en l'an 659, mais applicable à l'Italie seulement, introduisit en faveur des *sponsores* un bénéfice de division très-dur pour le créancier. Elle portait que la dette se diviserait de plein droit entre les *sponsores* ou *fidepromissores* d'un même débiteur solvables ou non qui existeraient au moment où cette dette deviendrait exigible. Mais cette loi, nous l'avons fait remarquer, était applicable en Italie seulement de sorte que la loi Apuleia dont nous avons parlé précédemment continua à être appliquée dans les autres parties de l'empire (Gaius, III, §§ 122, 123). C'est pour échapper aux effets de la loi Furia que la pratique romaine établit une nouvelle forme de cautionnement, la *fidejussio,* plus utile au créancier, plus capable par conséquent de procurer du crédit aux débiteurs.

Dans le principe, les fidéjusseurs étaient obligés *in solidum,* le créancier pouvait poursuivre pour le tout celui d'entre eux qu'il lui plaisait de choisir, et ce dernier n'avait point de recours contre ses fidéjusseurs. Mais à partir du rescrit d'Adrien, le fidéjusseur poursuivi put demander ce que l'on a appelé proprement le bénéfice de division (Gaius, III, § 122, *in fine*). Ce bénéfice différait de celui de la loi Furia en ce que le fidéjusseur devait le demander, jusque-là il restait tenu pour le tout, le créancier pouvait exiger le paiement de toute la dette. Nous voyons au contraire dans Gaius, IV, § 12, que la loi Furia *de sponsu* donnait la *manus injectio pro judicato adversus eum qui a sponsore plus quam virilem partem exegisset.* Ajoutons que la division introduite par Adrien n'est admise qu'entre les fidéjusseurs solvables au temps de la *litis contestatio* (Ins., § 4, *de fidej.*), au lieu que la loi Furia divise l'obligation entre tous les fidéjusseurs vivant lors de l'échéance (Gaius, III, § 121) ; si l'un d'eux est insolvable, cela ne regarde pas les autres (Gaius, *loc. cit.*).

Mais jusqu'à quel moment le fidéjusseur peut-il invoquer le bénéfice de division ? Les auteurs ne sont pas d'accord sur ce point. De part et d'autre on invoque la loi 10 au Code *de fidejussoribus* qui s'exprime ainsi : *Ut autem is qui cum altero fidejussit non solus conveniatur sic dividatur actio inter eos qui solvêndo sunt : ante condemnationem ex ordine postulari solet.* Des auteurs et parmi eux Pothier prennent à la lettre ces expressions *ante condemnationem*. D'autres, et c'est leur opinion que nous préférons, enseignent que ces mots *ante condemnationem* doivent se lire : avant que le magistrat ait rédigé la formule, c'est-à-dire avant la *litis contestatio* (Demangeat, tome II, 2e édition, page 285).

Si le créancier avait divisé lui-même volontairement son action, il ne pourrait plus la rétablir pour le tout après la contestation en cause. C'est la décision de la loi 16, C., *de fidej.*

Mais supposons que le fidéjusseur demande la division avant la *litis contestatio* entre lui et son cofidéjusseur. Que va-t-il se passer ? Si la solvabilité du cofidéjusseur n'est pas contestée, le magistrat ne donnera l'action que pour moitié contre celui qui demande la division.

Si au contraire le créancier conteste la solvabilité du second fidéjusseur, le magistrat, dans ce cas, donnera l'action pour le tout, mais il ajoutera dans la formule une exception à l'aide de laquelle la caution pourra justifier devant le juge qu'elle a droit au bénéfice d'Adrien. C'est ce que nous voyons par un texte de Paul, la loi 28, D., *de fidejuss.*, que nous reproduisons : *Si contendat fidejussor cæteros solvendo esse etiam exceptionem ei dandam : si non et illi solvendo sint.*

Dans le même cas où il y aurait contestation sur la solvabilité des cautions, le jurisconsulte Ulpien nous apprend que le fidéjusseur poursuivi pourrait, en donnant caution, faire actionner ses cofidéjusseurs pour leur part, à ses risques et périls. Et pour justifier cette décision, Ulpien nous dit qu'il n'est pas toujours facile d'acheter les actions du créancier et de payer toute la somme due (l. 10, D., *de fidej.*).

Pour l'examen de la solvabilité des cautions, on doit considérer comme solvable la caution qui a un certificateur solvable (l. 27, § 2, D., *de fidej.*).

On peut assimiler à un insolvable celui dont l'engagement n'est pas valable. Titius et Seia se sont portés cautions pour Mævius, l'action devra être donnée contre Titius pour le tout sans tenir compte de l'engagement de Seia (l. 48, D., *de fidej.*).

Le même jurisconsulte Papinien décide également que l'engagement d'un mineur devrait être assimilé à l'engagement d'un insolvable, mais que dans ce cas cependant il y aurait lieu de distinguer si le cofidéjusseur du mineur s'est engagé avant lui ou après lui, et que si le mineur s'était engagé le premier il devrait compter pour la division (même loi 40, § 1, D., *de fidej.*).

Une caution obligée à terme ou conditionnellement compte pour la division, mais si elle est insolvable lors de l'arrivée du terme ou de la condition le préjudice retombe sur celles qui ont obtenu la division (l. 27, D., *de fidej.*). Toutefois les cautions ne répondent pas des insolvabilités survenues après la *litis contestatio,* elles sont à la charge du créancier et ce dernier ne serait même pas protégé par son état de minorité. Il ne pourrait pas se prétendre lésé puisque tel est le droit commun (l. 51, § 4, D., *de fidej.*). La division devrait porter sur la somme restant due au temps de la *litis contestatio,* mais le jurisconsulte Papinien nous dit qu'il est plus équitable de venir au secours de celui qui a déjà payé en partie, au moyen d'une exception, si son cofidéjusseur est solvable (l. 51, § 1, D., *de fidej.*). Certaines cautions sont privées du bénéfice de division. La loi romaine déclarait déchu du droit d'opposer la constitution d'Adrien le fidéjusseur qui aurait contesté sa qualité d'obligé accessoire : *Ita demum inter fidejussores dividitur actio si non inficientur* (l. 10, § 1, D., *de fidej.*).

Dans un but de protection pour les mineurs, les fidéjusseurs des tuteurs sont également privés du droit de demander la division entre eux (l. 12, D., *rem pupilli vel adolescentis salvam fore*). De ce que les fidéjusseurs sont obligés *in solidum,* il en résulte que la division obtenue ne profite qu'à celui qui l'a demandée, les autres peuvent être poursuivis pour ce qui reste encore dû, sauf à eux à demander aussi la division.

Le bénéfice de division avait été promptement accordé aux *mandatores pecuniæ credendæ* par les jurisconsultes. Peut-être même leur avait-il été accordé en même temps qu'aux fidéjusseurs, comme cela semble résulter de la loi 3 au Code, *de constituta pecunia,* qui accorde le bénéfice en question aux *constituentes.* Ainsi il n'y a donc plus de différence au point de vue du bénéfice d'Adrien entre les cautions. Toutes peuvent l'invoquer quelle que soit la forme de leur engagement, toutes aussi pourront bientôt invoquer le bénéfice de discussion, les trois formes de cautionnement produiront presque les mêmes effets, ce sera un grand pas vers l'unité.

Du bénéfice cedendarum actionum.

Nous avons dit précédemment que malgré le bénéfice de division le fidéjusseur continuait à être obligé *in solidum*, tant qu'il n'avait pas manifesté l'intention d'en profiter, et que s'il venait à payer toute la dette, le préjudice était pour lui tout seul, qu'il ne pouvait rien répéter de ses fidéjusseurs. Cela n'est vrai pourtant que sauf l'application du bénéfice *cedendarum actionum* dont nous allons dire quelques mots.

Ce bénéfice avait été établi par la coutume comme nous le voyons par le texte suivant de Julien : *Fidejussoribus succurri solet ut stipulator compellatur ei qui solidum solvere paratus est vendere cæterorum nomina* (l. 17, D., *de fidejuss.*); il était surtout utile au fidéjusseur avant que Justinien eût rétabli le bénéfice de discussion.

La loi 41, § 1, D., *de fidejussoribus*, consacre une décision analogue à celle de la loi 17 en faveur du *mandator* et nous étendrons le bénéfice de ces lois au *constituens*, car c'est un bénéfice d'équité que la jurisprudence romaine appliquait dans tous les cas où une personne étant tenue avec d'autres ou pour d'autres acquittait la dette (I. 47, D., *locati*).

La caution a le droit de se faire céder par le créancier non-seulement ses actions contre le débiteur principal, mais encore tous les accessoires de son action, comme les actions contre les autres répondants et les gages ; ce n'est qu'à cette condition que le créancier peut la contraindre au paiement (l. 21, C., *de fidej.*). Cependant si les gages, les hypothèques, étaient affectés à la garantie d'autres dettes, le créancier n'était tenu de les céder qu'autant qu'il était intégralement payé (l. 2, C., *de fidejussoribus*). Mais comment expliquer cette cession d'actions, il semble que le paiement fait par la caution a libéré le débiteur, éteint la dette, et que le *créancier* n'a plus rien à céder ? Voici comment s'exprime à cet égard le jurisconsulte Paul : *Sed non ita est ; non enim in solutum accipit sed quodammodo nomen debitoris vendidit* (l. 36, D., *de fidej.*). Ainsi, on a recours à une fiction, la caution est censée acheter les droits du créancier et la cession se réalise au moyen d'un mandat de les exercer que le créancier lui donne. Si le créancier refusait de céder ses actions, la caution se laisserait poursuivre et au moyen de l'exception de dol qu'elle aurait soin de faire insérer dans la formule elle obtiendrait son absolution. Le créancier doit céder au fidéjusseur ses actions utiles ou non, il les cède telles qu'il les a, et si par son fait il a compromis les avantages qui y étaient attachés, il n'encourt aucune déchéance (l. 15, § 1, D., *de fidej.*). La fidéjussion en effet est un contrat unilatéral, le créancier n'est obligé à rien envers le fidéjusseur, et nous ne pensons pas que le rétablissement du bénéfice de discussion ait modifié à ce point de vue les rapports résultant du cautionnement entre le créancier et le fidéjusseur. Il en est autrement pour le *mandator pecuniæ credendæ*, envers qui le créancier s'est engagé par un contrat de bonne foi et synallagmatique ; et la loi 95, § 2, au Digeste, *de solutionibus*, décide expressément qu'il ne sera pas tenu d'exécuter son obligation si le créancier s'est mis hors d'état de lui céder ses actions contre le débiteur. Et comme cette décision a pour base l'équité, nous l'appliquerions aux rapports existant entre le créancier et le *constituens*. Cette cession d'actions n'a pas lieu de plein droit, et si la caution ne l'a pas demandée en payant il ne lui restera contre le débiteur qu'une action personnelle de mandat ou de gestion d'affaires. Mais quel est le moment précis à partir duquel la caution a perdu le droit de demander la cession des actions du créancier ? S'il s'agit d'un fidéjusseur il sera déchu du droit d'opposer l'exception *cedendarum actionum* après la *litis contestatio* parce qu'à ce moment le droit du créancier sera éteint. Mais s'il s'agit du *mandator pecuniæ credendæ*, il pourra invoquer l'exception après la *litis contestatio*, la condamnation et le paiement, car ces faits n'ont aucune influence sur l'obligation existant entre le créancier et le débiteur principal (l. 95, § 10, D., *de solutionibus*). Nous croyons que cette solution devrait être appliquée au *constituens* dont l'obligation envers le créancier est également dans une certaine mesure indépendante de l'obligation du débiteur envers le créancier.

DEUXIÈME PARTIE

DES RAPPORTS ENTRE LA CAÛTION ET LE DÉBITEUR ET LES TIERS.

Nous voyons dans Gaius (C. III, § 127) que l'*adpromissor* avait une action de mandat pour répéter ce qu'il avait payé en l'acquit du débiteur principal, et que spécialement le *sponsor*, aux termes d'une loi Publia, pouvait recourir contre le débiteur, par une action particulière appelée *depensi* et qui était donnée au double. Plus loin, Gaius (C. IV, § 22) nous apprend que le *sponsor* avait en outre reçu de la même loi Publia le droit de procéder sans jugement à la *manus injectio in eum pro quo dependisset si, in sex mensibus proximis quam pro eo depensum esset, non solvisset sponsori pecuniam.*

Justinien n'a pas à s'occuper du *sponsor*, puisqu'il a disparu, mais il consacre au profit du fidéjusseur le même recours que Gaius accordait aux *adpromissores* en général (Inst., § 6, *de fidejussoribus*), et nous pensons que sa décision est applicable à celui qui a fait le pacte de constitut dans l'intérêt du débiteur. Le *mandator pecuniæ credendæ* est également traité au point de vue du recours qui nous occupe comme le fidéjusseur lui-même (l. 10, § 11, D., *mandati*).

Ainsi la caution, lors même qu'elle n'aurait pas pris le soin de se faire céder les actions du créancier, lors même qu'il n'y aurait pas de corépondants entre lesquels elle aurait pu faire diviser l'action intentée contre elle, n'est pas dénuée de tout recours contre le débiteur si elle n'a pas cautionné *animo donandi*. Elle est armée contre lui d'une action propre, action de mandat si c'est sur le mandat du débiteur qu'elle s'est obligée, action de gestion d'affaires dans le cas contraire. Mais si la caution s'était obligée non pas sur le mandat du débiteur, mais sur le mandat d'un tiers, c'est contre ce tiers qu'elle devrait recourir par l'action *mandati contraria* (Inst., § 3, *de mandato*). Enfin on s'est demandé si la caution pouvait recourir contre le débiteur principal, lorsqu'elle l'avait cautionné malgré sa défense. Nous lisons dans la loi 40, D., *mandati*, que certains jurisconsultes accordaient dans ce cas à la caution une action utile et que d'autres parmi lesquels Paul et Pomponius refusaient toute espèce d'action : c'est l'opinion de ces derniers jurisconsultes que Justinien a sanctionnée par la loi 24, C., *de negotiis gestis*, où il pose en règle que dès que le maître a signifié à un tiers de ne point s'immiscer dans l'administration de ses affaires, il n'est tenu d'aucune action envers ce tiers, lors même que ses affaires auraient été bien gérées.

L'action de mandat du reste n'appartient à la caution qu'autant qu'elle a fait un paiement véritable et exempt d'imprudence. Si par exemple elle a livré au créancier l'esclave d'autrui, elle n'aura pas d'action contre le débiteur, puisqu'elle ne l'a pas libéré. Mais si le créancier venait à usucaper, la libération s'ensuivrait et dans ce cas, l'action de mandat pourrait être exercée après l'usucapion (l. 47, § 1, D., *mandati*).

Lors même qu'elle a fait un paiement utile, la caution est en outre tenue d'en donner avis au débiteur ; si elle néglige cette précaution, si elle n'avertit pas le débiteur principal qui paie une seconde fois par sa faute, elle ne pourra pas exercer l'action de mandat. Le débiteur sera seulement tenu de lui céder son action en répétition contre le créancier (l. 29, § 3, D., *mandati*).

Mais réciproquement, si le débiteur principal, après avoir payé, gardait le silence et laissait la caution payer à son tour, le paiement qu'elle aurait ainsi fait ne serait pas libératoire, et cependant il donnerait tout de même lieu à une action *mandati contraria* contre le débiteur (l. 29, § 2, D., *mandati*).

Ce n'est pas seulement le paiement qui permet à la caution d'agir, il en serait de même d'un acte équivalent, d'une offre faite en justice à un mineur suivie de consignation dans un dépôt public (l. 56, § 1, D. *mandati*), de la délégation que ferait la caution de son débiteur à son créancier, lors même que ce débiteur serait insolvable (l. 18, D., *de fidej.*).

En principe, la caution peut agir dès qu'elle a payé, il y a cependant quelques exceptions.

Ainsi, bien que l'héritier doive rendre sur-le-champ à la caution du testateur ce qu'elle a payé avant l'adition d'hérédité, cela doit cependant s'entendre avec un léger tempérament, *nec enim cum sacco adire debet* (l. 105, D., *de solutionibus*).

Si la caution d'un débiteur obligé à terme avait payé avant l'échéance du terme, elle n'aurait pas sur-le-champ l'action de mandat, lors même qu'elle aurait payé par erreur (l. 22, § 1, l. 51, D., *mandati*). La loi 31, D., *de fidej.*, consacre une décision analogue en termes généraux que nous reproduisons : *Si fidejussor vel quis alius pro reo ante diem creditori solverit exspectare debebit diem quo eum solvere oportuit.*

Occupons-nous maintenant de certains cas, dans lesquels la caution peut à l'inverse agir même avant d'avoir payé.

Lors par exemple que la caution a été condamnée, on a jugé équitable de lui donner un recours contre le débiteur, à cause duquel elle a été condamnée. C'est ce que nous voyons dans deux textes, l'un la loi 6, au Code, *mandati*, l'autre la loi 45, D., *de fidej.* Et si la caution, ainsi condamnée envers le créancier, venait à succéder à ce créancier, elle resterait libre d'exercer l'action de mandat contre le débiteur (l. 11, D., *mandati*).

Mais, pour que la caution puisse recourir contre le débiteur, il ne faudrait pas qu'elle eût été condamnée par sa faute. Nous lisons en effet dans la loi 67, D., *de fidej.*, que si la caution a été injustement condamnée par le juge au mépris d'une exception qui devait entraîner son absolution, elle ne pourra pas agir par l'action de mandat, si c'est sa faute qui a donné lieu à cette injustice.

Les empereurs Dioclétien et Maximien, dans une constitution qui forme la loi 10 au Code, *mandati*, nous indiquent encore d'autres cas, outre celui que nous venons d'examiner, dans lesquels la caution peut agir avant d'avoir payé. Aux termes de cette constitution, si le débiteur principal commence à dissiper ses biens, de façon à faire craindre son insolvabilité, ou s'il a été convenu dès le principe que le débiteur rapporterait à la caution la décharge de son cautionnement dans un certain temps, la caution peut agir contre le débiteur avant d'avoir satisfait le créancier et l'obliger au paiement.

La loi 38, § 1, D., *mandati*, rapporte un quatrième cas : *Si diu reus in solutione cessavit.*

Il ne nous reste plus qu'à faire observer sur ce recours que nous venons d'étudier de la caution contre le débiteur qu'il a lieu lors même que le créancier aurait libéré le débiteur en se réservant d'agir contre la caution, comme nous l'avons vu en étudiant l'effet des pactes intervenus entre le créancier et le débiteur.

Des rapports entre la caution et son corépondant.

Les cautions ne sont point associées entre elles comme l'étaient les *sponsores* et les *fidepromissores* aux termes de la loi Apuleia (Gaius, III, § 122). Si donc l'une d'elles poursuivie par le créancier n'a point invoqué le bénéfice d'Adrien (Inst., § 4, *de fidej.*), et si elle ne s'est pas fait céder les actions du créancier qu'elle a désintéressé, son corépondant est libéré et ne peut être poursuivi ni par le créancier, ni par la caution qui a payé (l. 39, D., *de fidej.*). La loi 11 au Code, *de fidej.*, consacre une décision analogue. En voici le commencement : *Cum alter ex fidejus-*

soribus in solidum debito satisfaciat, actio ei, adversus eum qui una fidejussit, non competit.

Des rapports entre la caution et les tiers.

Les tiers dont nous allons parler sont les codébiteurs solidaires du débiteur cautionné et ceux qui ont hypothéqué leur chose à la sûreté de la dette de ce débiteur.

La caution ne peut pas demander la discussion du *correus* qu'elle n'a pas cautionné, la novelle IV ne lui accorde pas ce droit. Comme aucun lien ne l'unit à ce *correus*, à son égard elle n'est donc pas une caution, elle n'a pas qualité par conséquent pour renvoyer contre lui le créancier qui s'adresse à elle.

Du reste, le fidéjusseur après avoir payé pourra recourir contre ce tiers au moyen des actions du créancier, s'il a eu soin de se les faire céder, et à l'inverse si c'est le codébiteur solidaire non-cautionné qui paie la dette, il aura un recours semblable contre la caution de son *correus*. Mais dans quelle mesure la caution peut-elle agir contre ce tiers ou ce tiers contre la caution ? Il faut décider que le recours aura lieu en principe pour moitié, car si la caution par exemple prétendait recourir pour le tout, elle serait obligée à son tour de céder ses actions au *correus* qui pourrait également recourir contre elle, c'est-à-dire qu'il la repousserait dans ce cas au moyen d'une exception de dol. Ainsi la caution et le *correus* devront donc supporter définitivement chacun une moitié de la dette si le débiteur principal est insolvable.

Si le codébiteur solidaire avait lui-même une caution,

elle serait soumise au même recours que le codébiteur solidaire lui-même, mais elle pourrait exercer les mêmes droits que lui si elle avait également soin de requérir la subrogation.

La caution peut toujours au moyen des actions du créancier recourir contre le tiers qui a hypothéqué sa chose pour la sûreté de la dette ou faire vendre le gage fourni par lui, c'est la décision de la loi 11, C., *de fidej*. Ce tiers détenteur de son côté pourrait requérir la cession des actions du créancier en payant la dette, et comme le créancier n'aurait aucune raison pour lui refuser ce bénéfice, il devrait subroger le tiers dans ses droits. Maintenant ce tiers pourra-t-il recourir contre la caution au moyen des actions du créancier ? Nous croyons qu'il faut faire ici une distinction analogue à celle que nous ferons en droit français dans la même hypothèse et décider que le tiers pourra recourir contre la caution, dans le cas seulement où l'engagement de la caution aura précédé le sien. Dans les autres cas il serait repoussé au moyen de l'exception de dol.

A l'appui de cette solution nous pouvons invoquer la loi 48, D., § 1, *de fidej.*, où le jurisconsulte Papinien, pour déterminer l'effet de la restitution *in integrum* obtenue par une caution mineure par rapport à son cofidéjusseur, tient compte précisément de l'ordre des engagements et distingue entre le cas où l'engagement du mineur a suivi et le cas où il a précédé l'engagement de son cofidéjusseur.

DES EFFETS DU CAUTIONNEMENT

EN DROIT FRANÇAIS

Division de la matière.

Le premier, le principal effet du cautionnement est d'obliger la caution envers le créancier à satisfaire à l'obligation du débiteur principal si celui-ci n'y satisfaisait pas lui-même et de créer ainsi entre le créancier et la caution des rapports qui seront le premier objet de notre étude.

Mais le contrat de cautionnement se forme entre le créancier et la caution. Celle-ci s'oblige pour le débiteur, elle s'oblige pour un autre, elle s'oblige parfois avec d'autres personnes qui s'engagent personnellement ou qui engagent leur chose pour garantir le paiement de la dette principale. Cette situation engendre des rapports entre la caution d'une part, le débiteur et les tiers de l'autre. Ces rapports sont comme les effets des effets du cautionnement, ils ne naissent pas directement du cautionnement lui-même, ils en naissent indirectement et à son occasion. Ils formeront le second objet de notre étude.

SECTION PREMIÈRE

DES RAPPORTS ENTRE LE CRÉANCIER ET LA CAUTION.

Pleige, plaide, dit Loysel, *Inst. coutumières,* liv. 3, t. 7, nº 4, c'est-à-dire que le créancier et la caution ne tarderont pas à se trouver en présence et les poursuites à commencer. Dans cette supposition nous allons voir comment la caution pourra repousser le créancier, nous allons examiner les différents moyens de défense que la loi met à sa disposition vis-à-vis de son adversaire qui l'attaque.

Ces moyens nous les diviserons en deux classes : les premiers basés sur la nullité ou l'extinction du cautionnement opéreront radicalement et débarrasseront définitivement la caution du créancier, nous les examinerons d'abord. Les seconds sont des moyens dilatoires fondés sur l'incompétence, la faveur due à la caution, ils auront pour effet de retarder les poursuites, de les rejeter sur le débiteur principal ou bien de faire supporter aux cofidéjusseurs une partie de l'avance, nous les examinerons ensuite.

Nullité du cautionnement.

L'obligation de la caution n'étant que l'accessoire de l'obligation principale devant se modeler sur elle n'a de valeur que par l'obligation principale ; elle est donc nulle si l'obligation principale est nulle. Une obligation nulle faute de consentement, de cause, d'objet ne saurait être cautionnée.

Il faudrait en dire autant d'une obligation immorale ou réprouvée par la loi. Un héritier s'engage à ne pas attaquer un partage entaché de lésion de plus du quart (arrêt de rejet, 15 juin 1837) ; un ex-pupille traite avec son ex-tuteur avant la reddition du compte de tutelle (Toulouse, 5 février 1824) ; un vendeur promet de ne pas exercer l'action en rescision pour cause de lésion (Pau, 12 janvier 1826) ; un tiers promet le fait d'autrui ; de pareilles obligations ne peuvent être cautionnées. Au contraire, le cautionnement serait parfaitement valable s'il s'appliquait à une obligation future, à une obligation naturelle, à l'obligation de livrer un corps certain, de faire un acte personnel.

L'obligation de la caution serait encore nulle si elle ne remplissait pas elle-même les conditions nécessaires à l'existence de toute obligation, et de plus si elle ne satisfaisait pas aux conditions spécialement requises pour la validité du cautionnement.

Il est de l'essence de ce contrat que l'obligation de la caution soit la même que celle du débiteur principal, lui soit identique ; *idem fide mea esse jubeo.* Elle ne peut avoir un objet différent, autrement elle est nulle. C'est la règle romaine dans toute sa rigueur. Le débiteur principal s'est obligé pour une somme de dix, la caution s'est obligée pour mille mesures de froment : son obligation est nulle. Le débiteur principal a promis l'esclave Stichus, la caution a promis de payer cet esclave ou dix : son obligation est encore nulle comme cautionnement. Mais dans ce dernier cas s'il était établi que la caution, au lieu de prendre à sa charge une obligation alternative, a pris simplement une obligation facultative, nous pensons que son engagement serait valable. Nous pensons aussi qu'en cas de doute la présomption serait que l'obligation de la caution a le même objet que l'obligation principale.

Dans le cas où la caution aurait pris une obligation plus étendue que l'obligation du débiteur principal, dans le cas où elle se serait obligée sous des conditions plus onéreuses, le droit romain, et c'est du moins l'opinion que nous avons adoptée, déclarait son engagement radicalement nul. Mais notre Code, s'inspirant des idées de Dumoulin, de Pothier et aussi de l'intention des parties et appliquant au cautionnement une règle déjà admise en droit romain pour le pacte de constitut, n'annule l'obligation que pour ce qui excède l'obligation principale et la réduit à la mesure de cette dernière obligation ; ce qui est nul, c'est l'excès. Un débiteur est engagé pour dix, si la caution s'oblige pour vingt elle ne pourra être poursuivie que pour dix ; si la caution s'était obligée à payer vingt pour une dette non encore liquidée, elle ne serait pas obligée au dela de dix, si la liquidation ne mettait qu'une obligation de dix à la charge du débiteur. Si une caution s'engage à payer au débiteur 1050 pour un débiteur qui doit 1000, à la condition que le créancier accordera un délai d'un an, l'obligation n'est valable comme cautionnement que jusqu'à concurrence de 1000. La caution, au contraire, s'obligerait valablement à payer dix pour le débiteur qui serait tenu pour vingt.

La caution ne pourrait pas s'obliger à payer dans un terme plus court que celui qui appartient au débiteur principal. L'article 2013 du Code civil paraît le décider ainsi : si le débiteur principal s'est obligé à payer dans deux ans, la caution ne s'obligera pas valablement à payer dans un an. Dans l'espèce d'une dette non-liquidée, la caution qui se serait obligée jusqu'à concurrence de vingt ne pourrait pas être poursuivie pour cette somme avant la liquidation (Pothier, *Obligat.*, n° 370.) L'article 206 de l'ancienne coutume de Bretagne consacrait une solution contraire, mais Pothier disait que cette décision ne devait pas être suivie hors du territoire de la coutume, et d'Argentré, dans sa note sur l'article de la coutume que nous venons de citer, disait : *hic se auctores consuetudinis produnt non jurisconsultos.*

Celui qui s'est rendu caution du paiement d'une rente viagère, mais pour le cas seulement où le débiteur viendrait à mourir avant le créancier, ne peut être contraint au paiement pendant la vie du débiteur (Cass., 29 floréal an VII). Nous devons dire cependant qu'un délai de grâce, un contrat d'atermoiement, qui sont des bénéfices purement personnels, ne profiteraient pas à la caution. La caution s'obligerait valablement à payer au contraire dans deux ans ce que le débiteur doit payer dans un an.

Le lieu du paiement est aussi à considérer. Si la caution s'oblige à payer dans un lieu plus éloigné que le lieu porté dans l'obligation, elle peut profiter de la condition moins onéreuse de payer au même lieu que le principal débiteur, elle peut aussi s'obliger à payer dans un lieu plus commode pour elle que le premier.

L'obligation du débiteur étant conditionnelle, la caution ne s'obligerait pas valablement à payer à l'expiration d'un délai. Au contraire, le débiteur étant obligé purement et simplement, la caution s'obligerait valablement à payer sous condition.

Mais quand nous disons que l'obligation de la caution ne peut pas être contractée sous des conditions plus onéreuses, nous ne parlons ni de la plus grande solidité du lien, ni de la plus grande facilité qu'il peut donner au créancier d'obtenir le paiement de ce qui lui est dû. La caution peut s'obliger pour un mineur, pour une femme mariée, elle peut donner un gage, une hypothèque. Dans tous ces cas, la dette n'est pas augmentée, son exécution est seulement plus strictement assurée.

Extinction du cautionnement.

Le cautionnement peut s'éteindre principalement et par voie de conséquence. Principalement : par les mêmes causes que les obligations en général et de plus par le fait du créancier prévu par l'art. 2037 du Code civil. Par voie de conséquence: par suite de l'extinction de l'obligation principale conformément à ce principe *accessorium sequitur principale;* nous allons nous occuper de ces différentes causes d'extinction.

Extinction par voie principale.

Paiement. — La caution a payé, la dette est éteinte et

le débiteur principal lui-même est libéré à l'égard du créancier. Même résultat si la caution avait donné une chose quelconque en paiement de la dette, sauf que dans ce dernier cas le créancier, venant à être évincé de la chose donnée, pourrait recourir et contre le débiteur principal et contre la caution.

La caution serait encore libérée si elle avait payé la fraction de la dette pour laquelle elle s'était engagée, ou si elle avait payé sa part divise sans réserves de la part du créancier. Le débiteur principal serait libéré jusqu'à concurrence des sommes payées.

Novation. — Elle a pu se produire par changement de débiteur ou du créancier ou de l'objet dû. Si elle a été faite seulement au point de vue de l'extinction du cautionnement, la caution seule est libérée, le débiteur principal et les autres cautions restent tenus. Mais les parties pourraient déclarer le contraire. La novation alors aurait pour résultat l'extinction de la dette principale.

Remise de la dette. — Si la remise a été faite à la caution toute seule pour la décharger de l'obligation personnelle dont elle est tenue, elle seule a été libérée, et le créancier a conservé son action contre le débiteur principal (art. 1287, C. civ.). Mais si le créancier avait agi dans une pensée de libéralité en faveur du débiteur principal aussi bien qu'en faveur de la caution, les deux obligés seraient également libérés.

Si le créancier avait déchargé la caution pour la récompenser de services qu'elle lui aurait rendus, s'il lui avait donné quittance pour la gratifier, dans ces deux cas les choses passeraient comme si le créancier avait reçu le montant de la dette et l'avait ensuite donné à la caution. Les deux obligés seraient libérés vis-à-vis du créancier, mais la caution pourrait exercer son recours contre le débiteur principal.

C'était une question très-controversée dans notre ancien droit que celle de savoir si le créancier pouvait recevoir quelque chose de la caution pour la décharger de son obligation et prendre pour lui le danger de l'insolvabilité du débiteur. Notre Code, art. 1288, tranche la question contre Dumoulin, contre Pothier (*Obligat.*, n° 618), et décide que ce qui a été payé par la caution, dans le cas qui nous occupe, profite au débiteur principal et aux autres cautions.

Compensation. — Elle n'a pas lieu de plein droit, la caution doit l'invoquer, et le débiteur principal ne pourrait pas se dispenser de payer sous prétexte que la caution est devenue créancière du créancier. Mais si la compensation vient à être opposée par la caution, elle produit les effets du paiement, et le débiteur principal libéré comme par le paiement à l'égard du créancier reste soumis au recours de la caution.

Confusion. — Elle a pu se produire entre la caution et le créancier, entre la caution et le débiteur principal. Dans les deux cas ses effets sont limités, elle ne produit pas l'extinction absolue du cautionnement, car elle ne saurait ni nuire ni profiter à personne.

Lorsque la confusion se produit entre le créancier et la caution, le certificateur est libéré, on ne peut pas être obligé pour le même envers le même ; et le créancier ne serait même pas reçu à demander une autre caution.

Le cautionnement éteint pour l'avenir produit ses effets dans le passé, en ce sens que si la caution avait payé une partie de la dette, l'action de mandat pourrait, après la confusion, être exercée avec tous ses avantages contre le débiteur principal.

La confusion qui se produit du chef de la caution n'aggrave pas la situation du cofidéjusseur au point de vue de la part de dette qu'il doit définitivement supporter.

Si la confusion se produit entre la caution et le débiteur principal, elle produit encore des effets moins absolus.

Le créancier peut la repousser si elle lui cause un préjudice, il peut demander que l'obligation de la caution revive dans son intérêt, comme dans le cas d'une obligation naturelle, si par suite de la confusion il était exposé à perdre son action. On ne comprendrait pas que la loi eût organisé une déception pour le créancier qui a veillé à ses intérêts.

Et si après la confusion le créancier peut encore invoquer le cautionnement, on comprendra qu'il puisse conserver le gage ou l'hypothèque qui ont été donnés pour la garantie du cautionnement, et qu'il conserve son droit contre le certificateur de la caution.

Notre Code prend la peine de s'expliquer sur ce dernier point, et dans l'art. 2035 il décide, contrairement à la loi romaine (l. 38, D., *de solutionibus*), que la confusion ne fait pas disparaître l'obligation du certificateur de la caution. Mais le créancier ne pourrait exiger une autre caution, il pourrait seulement demander la séparation des patrimoines (Riom, 5 août 1840).

Aux termes de l'art. 1301 du Code civil, la confusion qui s'opère dans la personne de la caution n'entraîne point l'extinction de la dette principale.

Nous ajouterons en terminant que si la confusion se produisait entre les deux cofidéjusseurs, celui dans la personne duquel la confusion se serait opérée devrait supporter les deux obligations.

Nullité ou rescision. — La caution pourrait opposer que son obligation est annulable pour cause de violence, de dol, d'erreur sur la personne du débiteur, elle pourrait soutenir encore qu'elle n'avait pas la capacité de contracter, qu'elle était mineure, interdite ou femme mariée. Mais elle seule serait libérée, l'obligation du débiteur survivrait à la sienne.

Notre Code n'a pas reproduit l'incapacité dont était frappée la femme en droit romain et aussi dans notre ancien droit. Aux termes de l'article 1123 du Code civil, toute personne peut contracter si elle n'est pas déclarée incapable par la loi. La femme majeure et non mariée peut valablement s'obliger, elle peut se porter caution. La femme mariée, en principe, s'obligera encore valablement comme caution si elle obtient le consentement de son mari.

La femme étrangère, si la loi de son pays admettait le sénatusconsulte Velleien, ne s'obligerait pas valablement comme caution en France ; elle pourrait, invoquant son statut personnel, demander la nullité de son engagement. Nous croyons qu'elle pourrait également demander la nullité d'une hypothèque qu'elle aurait consentie sur un de ses immeubles situés en France, pour sûreté de la dette d'un tiers. Les juges saisis de la demande auraient à statuer sur la question de capacité, laquelle devrait se résoudre d'après la loi de la personne.

La femme française et mariée ne pourrait pas davantage vendre ou hypothéquer ses immeubles situés à l'étranger sans le consentement de son mari, lors même que la loi du pays permettrait ces actes.

Résolution. — La caution obligée sous condition résolutoire serait libérée par l'événement de la condition. Elle le serait encore par l'arrivée du terme si elle avait stipulé du créancier que son engagement ne durerait qu'un certain temps. Dans ces deux cas elle profiterait seule de l'extinction de l'obligation.

Prescription. — La caution ne pourra jamais l'opposer de son chef, puisque l'article 2250 Code civil dit formellement que l'interpellation faite au débiteur principal ou sa reconnaissance interrompt la prescription à l'égard de la caution. Cette décision ne paraît pas se trouver en harmonie avec l'article 2034 que nous étudions, aux termes duquel l'obligation de la caution s'éteint par les mêmes causes que l'obligation principale (Aubry et Rau, *du Cautionnement*, § 429, note 11). Mais nous n'admettons pas que réciproquement l'interpellation faite à la caution même solidaire ou sa reconnaissance interrompe la prescription à l'égard du débiteur. Autrement il n'y aurait pas de différence à ce point de vue entre la caution et le codébiteur solidaire.

Serment, transaction, jugement. — La caution pourra opposer le serment qu'elle a prêté, la transaction qu'elle a faite, le jugement intervenu relativement à l'existence du cautionnement proprement dit ou relativement à l'existence de la dette. Dans ce dernier cas, la libération de la caution profitera au débiteur principal. L'article 1365 du Code civil le dit expressément pour le cas de serment prêté, et nous étendons la solution par analogie aux cas de transaction et de jugement, le débiteur principal étant censé donner mandat à la caution de le libérer par le paiement et par tous les agissements qui équivalent à un paiement.

Mais nous n'admettons pas que le mandat donné, afin de rendre meilleure la condition du débiteur, emporte mandat à fin de l'aggraver. Le serment ne peut ni profiter ni nuire aux tiers (art. 1365). Par exception, le serment prêté par la caution profite au débiteur principal, mais la loi ne nous dit pas qu'il peut lui nuire : elle nous dit seulement qu'il lui profite. Dès que nous ne sommes plus dans l'exception, nous sommes dans la règle. Nous déciderons de la même manière pour la transaction et le jugement, et cela lors même qu'il s'agirait d'une caution solidaire.

Extinction du cautionnement par application de l'article 2037.

Aux termes de l'article 2037 du Code civil, la caution est déchargée lorsque la subrogation aux droits, hypothèques et priviléges du créancier ne peut plus par le fait du créancier s'opérer en faveur de la caution.

Nous avons vu qu'il en était autrement dans le droit classique romain dans les rapports du créancier et du fidéjusseur. Le créancier qui n'avait point contracté d'obligation avec le fidéjusseur était simplement tenu de lui céder, lorsqu'il en était requis, les actions qu'il avait et telles qu'il les avait, sans que le fidéjusseur pût lui opposer aucune exception. Il pouvait libérer le débiteur principal, il pouvait décharger l'un des fidéjusseurs de son obligation (l. 15, § 1, D., *de fidejussoribus*), et cependant le fidéjusseur ne pouvait se refuser à payer sous prétexte que le créancier n'avait aucune action à lui céder. Il en était réduit à exercer l'action qu'il avait de son chef contre le débiteur principal. Le *mandator pecuniæ credendæ,* au contraire, était tenu en vertu d'un contrat synallagmatique et il pouvait repousser le créancier si celui-ci s'était mis par sa faute dans l'impossibilité de lui céder les actions qu'il avait acquises comme mandataire, il pouvait se refuser à l'exécution de son obligation si le créancier n'exécutait pas la sienne (loi 95, § 11, D., *de solutionibus*). Tel était le droit classique.

Mais suivant M. Troplong *(du Cautionnement,* § 33 et suiv.), à partir de la novelle IV de Justinien qui rétablit le bénéfice de discussion, les relations entre le créancier et le fidéjusseur furent complétement modifiées. Obligé de discuter le débiteur principal, le créancier dut s'abstenir de tous actes ayant pour effet de rendre illusoire le bénéfice concédé par la loi, il dut conserver ses actions dans l'intérêt du fidéjusseur et par conséquent les lui remettre intactes quand celui-ci les lui demanderait en offrant de le payer. De là un droit nouveau ayant son principe dans le bénéfice de discussion et dont l'article 2037 ne serait que la consécration.

Mais la thèse de M. Troplong nous paraît être plutôt l'œuvre d'un jurisconsulte qui cherche à fonder une théorie sur un principe que celle d'un interprète qui cherche le véritable sens de la loi.

Depuis le rétablissement du bénéfice de discussion, la situation du fidéjusseur s'est rapprochée de celle du *mandator* et dans notre ancien droit elle a fini par se confondre avec elle. Celui qui s'engage comme caution rend au créancier un service en retour duquel il est juste, il est équitable que celui-ci conserve les sûretés qui garantissent le paiement de la dette. Telle était la manière de voir de nos anciens auteurs (Pothier, *Obligations,* n° 557), telle a été celle des rédacteurs de notre article 2037. Et ces considérations de justice et d'équité dont ils se sont inspirés permettent de résoudre les différentes questions que notre article fait naître plus facilement qu'un principe inflexible qui mène à des solutions contraires au texte et à l'esprit de la loi. C'est ce que nous allons voir par l'examen de l'article 2037.

La caution simple, c'est là l'hypothèse la plus saillante de notre article, peut invoquer l'extinction du cautionnement par le fait du créancier. Mais le pourra-t-elle encore si elle a renoncé au bénéfice de discussion ? Dans le système de M. Troplong, on dira non, puisque cet auteur enseigne que la déchéance de l'article 2037 est une conséquence du bénéfice de discussion. Il ne faudrait même pas s'arrêter là, il faudrait encore décider que si la caution est en fait privée du bénéfice de discussion parce que les immeubles du débiteur principal auraient été aliénés, parce qu'ils seraient situés hors de l'arrondissement de la cour d'appel du lieu où le paiement doit être fait, le créancier pourrait dans ces cas renoncer à l'hypothèque qu'il a sur ces mêmes biens sans encourir aucune déchéance (Aubry et Rau, *du Cautionnement,* § 429, note 19). Non, un pareil résultat est impossible, le bénéfice de discussion et le bénéfice de notre article sont des bénéfices très-différents, et il ne faut pas raisonner de l'un à l'autre ; il n'y a pas corrélation entre eux, l'un ne donne qu'une exception dilatoire, l'autre donne une exception péremptoire. Et parce qu'une caution renonce même volontairement au droit qu'elle a d'arrêter pour le moment l'action du créancier et de retarder son paiement, rien n'indique qu'elle entend du même coup renoncer aux sûretés qui lui garantissent un recours efficace contre le débiteur et s'exposer ainsi à la ruine.

Ces mêmes raisons nous amènent à décider que l'article 2037 est applicable à la caution solidaire comme à la caution simple (Aubry et Rau, *loc. cit.*). La caution solidaire a vraisemblablement compté elle aussi sur les sûretés qui appartenaient au créancier et que la subrogation devait lui transmettre. Le créancier devait le comprendre et veiller à la conservation de ces sûretés. Sans doute la caution solidaire est obligée plus énergiquement que la caution simple, elle a renoncé au bénéfice de discussion, au bénéfice de division ; malgré cela son caractère de caution doit persister, dans ses rapports avec le créancier, et lui permettre d'invoquer une disposition de loi, générale dans ses termes, et qui n'établit aucune distinction entre la caution solidaire et la caution simple. C'est en ce sens que se prononcent la majorité des auteurs et des cours, et la Cour de cassation, dont les deux arrêts les plus récents sur la matière sont l'un du 16 mars 1852, l'autre du 23 février 1857.

Mais nous refusons au contraire d'étendre le bénéfice de l'article 2037 au débiteur solidaire. Sans doute nous voyons dans des textes que le débiteur solidaire est réputé caution pour ce qui excède sa part, et Pothier (*Obligations,* n° 557) nous dit qu'il s'est obligé au total dans la confiance qu'il pourrait avoir recours contre les autres s'il venait à payer le total. Mais le débiteur solidaire est censé s'obliger dans son intérêt à l'égard du créancier, il se place dans la situation d'un débiteur ordinaire, renonce précisément à sa qualité de caution, et l'article 2037, statuant sur des rapports entre le créancier et la caution, étant spécial au cautionnement, ne saurait être transporté dans la matière des dettes solidaires. En ce sens deux arrêts récents de la Cour de cassation, l'un du 18 février, l'autre du 3 avril 1861.

Le tiers qui donne une affectation hypothécaire pour sûreté de la dette d'autrui, sans s'obliger lui-même au paiement subsidiaire, n'est pas une caution dans le sens de l'article 2011. C'est ce qu'a décidé la Cour de cassation dans deux arrêts, l'un du 25 novembre 1812, l'autre du 10 août 1814. Ce tiers ne pourrait donc pas se prévaloir de la déchéance de l'article 2037. Malgré les raisons d'équité qui conseilleraient peut-être de lui faire une situation égale à celle de la caution, nous ne pensons pas qu'il soit possible d'étendre jusqu'à lui un privilége que la loi a spécialement réservé à la caution. En sens contraire, Aubry et Rau, *du Cautionnement,* § 429, note 80.

Le tiers détenteur d'un immeuble hypothéqué à la dette n'est pas non plus une caution, nous lui refuserons également le bénéfice de l'article 2037.

Maintenant quelles sont les sûretés dont la destruction va permettre à la caution d'opposer sa libération ? Dans la pensée de la loi, ce sont les sûretés quelconques qui garantissent le paiement de la dette. Le créancier donne main-levée d'une hypothèque, remet au débiteur un objet donné en gage ; dans ces cas, il rend la subrogation impossible et tombe sous l'application de la loi. C'est ainsi qu'aux termes d'un arrêt de rejet de la Cour de cassation en date du 10 janvier 1833, la femme qui, par transaction passée aveç les tiers détenteurs des biens de son mari, a renoncé à toute action contre eux pour raison de sa dot, moyennant une somme arbitrairement convenue qui ne l'a pas entièrement désintéressée, perd par le fait de cette transaction le droit de recourir contre la caution de son mari pour le paiement du surplus de sa dot; en ce que par sa renonciation, elle s'est mise dans l'impossibilité de subroger la caution dans ses droits contre les tiers détenteurs. Mais la déchéance du créancier se mesure sur le préjudice causé. Si deux immeubles d'égale valeur garantissent le paiement de la dette et si le créancier renonce à son hypothèque sur l'un d'eux, la caution sera déchargée jusqu'à concurrence de moitié. Si les sûretés abandonnées n'avaient aucune valeur, le créancier n'encourrait aucune déchéance. La caution resterait tenue pour le tout.

Appliquerons-nous l'article 2037 dans le cas où les sûretés aujourd'hui éteintes n'existaient par lors du cautionnement et n'ont été acquises que depuis? La loi ne fait à la vérité aucune distinction et la caution peut dire qu'elle a négligé de recourir contre le débiteur, parce qu'elle a compté sur une subrogation complète à tous les droits acquis par le créancier.

Mais dans ce cas nous pensons qu'elle se serait fait illusion. L'équité, qui est le fondement de notre article, existe pour le créancier aussi bien que pour la caution et elle n'exige rien autre chose que la conservation des sûretés sur le fondement desquelles le cautionnement a été contracté (Aubry et Rau, *du Cautionnement,* § 429, note 14).

Spécialement, la Cour de cassation a jugé que le créancier n'encourait aucune déchéance lorsqu'il laissait périr une hypothèque judiciaire résultant d'un jugement de condamnation obtenu depuis le cautionnement contre le débiteur principal (Cass., 27 novembre 1861 et 10 décembre 1866).

Nous avons enfin à nous expliquer sur les faits qui peuvent être reprochés au créancier. Pas de difficulté si le créancier renonce à une hypothèque ou décharge un fidéjusseur, dans ce cas l'application de l'article 2037 est évidente. Mais la question est plus délicate, si, au lieu d'un fait positif du créancier, il n'y a eu qu'une omission, une négligence à renouveler l'inscription en temps utile. Pothier pensait que la responsabilité du créancier n'était pas engagée s'il n'avait rien fait de contraire à la bonne foi (*Oblig.*, n° 557). Mais l'opinion contraire a prévalu en doctrine et en jurisprudence. (Aubry et Rau, *du Cautionnement,* § 429, note 12). Le créancier est tenu non-seulement de son fait *in committendo,* mais encore de son fait *in omittendo*. Ce principe est consacré par de nombreuses décisions judiciaires et par plusieurs arrêts de la Cour de cassation dont le plus récent est du 7 juillet 1862. Et spécialement la Cour de cassation a décidé que le créancier ayant hypothèque sur une forêt, qui laisse vendre sans opposition, ni acte conservatoire, une grande partie de la superficie et laisse ainsi gravement altérer le gage de sa créance, peut être réputé s'être mis par là dans l'impossibilité d'opérer une subrogation utile au profit de la caution ; en telle sorte que la décharge de cette caution doive être prononcée (Arrêt de rejet du 23 mai 1833). Mais la Cour a peut-être fait dans l'espèce une application excessive du principe posé, le débiteur avait usé d'un droit qu'il s'était conservé, et le créancier ne pouvait être accusé de négligence pour ne l'avoir pas gêné dans l'exercice de ce droit.

Il ne s'agit en effet que des sûretés non en fait, mais en droit, la Cour de cassation l'a décidé elle-même dans le cas où le créancier en s'abstenant de poursuivre le débiteur à l'échéance l'avait laissé devenir insolvable. Pour elle, cette abstention de poursuites constitue une simple prorogation de terme qui ne libère pas la caution, laquelle pouvait de son côté poursuivre le débiteur (art. 2039) ; et elle ne fait pas obstacle à la subrogation qui peut toujours s'opérer au profit de la caution (Cass., 22 janvier 1849). Ajoutons que si la perte des droits et hypothèques était reconnue par les juges imputable aussi bien à la caution qu'au créancier, si la caution par exemple n'a pas mis le créancier à même de prendre inscription en l'instruisant d'une acquisition d'immeuble faite par le débiteur, acquisition dont la caution avait connaissance et qui était inconnue du créancier, l'article 2037 ne s'appliquerait pas (Arrêts de rejet des 12 mai 1835 et 23 décembre 1845).

Extinction du cautionnement par voie de conséquence.

L'obligation de la caution est l'accessoire de l'obligation principale, elle ne peut exister sans elle, elle s'éteint donc par conséquent avec elle. Nous sommes ainsi amenés à étudier les différents modes d'extinction de l'obligation principale et à examiner ce que chacun d'eux peut offrir de particulier en ce qui concerne l'extinction du cautionnement.

Paiement. — Qu'il soit fait par le débiteur principal ou par un tiers, il éteint la dette, et du même coup il libère la caution. Mais si le tiers qui a payé la dette se trouve subrogé aux droits du créancier, la dette n'est pas éteinte (art. 1236), la subrogation a eu pour effet de mettre un créancier à la place d'un autre, et libérés envers le premier, le débiteur et la caution continuent à être tenus envers le second.

Les offres réelles suivies de consignation produisent le même effet que le paiement, mais à la condition qu'elles soient acceptées par le créancier (art. 1261), ou déclarées valables par un jugement passé en force de chose jugée (art. 1262).

Jusque-là, le débiteur peut retirer le montant de sa consignation et en empêcher les effets (Pothier, *Obligat.*, n° 580). Mais dès que la consignation a été acceptée ou déclarée valable, le débiteur ne peut plus la retirer malgré le créancier, et dans le cas où le créancier y consentirait, la caution n'en resterait pas moins définitivement libérée.

Si le paiement est partiel, la caution qui s'est obligée pour le tout n'est libérée que jusqu'à concurrence de ce qui a été versé ; mais lorsqu'elle ne s'est obligée que pour une fraction de la dette, il peut s'élever, dans le cas où des à-compte auraient été payés, une question délicate relative à l'imputation de ces à-compte.

Des auteurs, sur le fondement des lois 4 et 5 au Digeste, *de solutionibus* et *de liberationibus*, ont cru devoir décider que dans notre espèce les paiements partiels s'appliqueraient d'abord à la portion de dette cautionnée comme étant la plus onéreuse. Malheureusement cette idée va contre le but du cautionnement qui est d'assurer l'exécution de l'obligation pour le cas où le débiteur ne pourrait pas l'exécuter lui-même, et nous pensons au contraire que l'imputation doit se faire d'abord sur la partie non-cautionnée et que le fidéjusseur continue à être tenu pour le reste (Arrêt de cassation du 12 janvier 1857.) A moins pourtant qu'il n'ait exprimé une volonté contraire, c'est ce que la Cour de cassation a reconnu par un arrêt du 13 novembre 1861, dans une espèce où la caution avait fait porter son obligation sur les premiers termes d'une dette payable par annuité en imposant au créancier l'obligation d'exiger ces annuités dans l'ordre de leur échéance.

Mais si le débiteur était tenu de deux dettes dont l'une seulement serait garantie par une caution, à défaut d'imputation conventionnelle de la somme payée, nous déciderions, dans ce cas, que l'imputation devrait se faire d'abord sur la dette cautionnée comme étant la plus onéreuse (Pothier., *Oblig.*, n° 567, corollaire V).

La *dation en paiement,* comme le paiement, libère le débiteur principal et la caution lorsqu'elle est valable. Mais, lors même qu'elle serait nulle par suite de l'éviction de la chose donnée, la caution n'en resterait pas moins définitivement libérée. Dans ce cas, ce n'est pas à un paiement, à une vente suivie de compensation, qu'il faut rattacher l'extinction du cautionnement, une opération nulle ne pouvant avoir aucun effet. Des auteurs en assez grand nombre soutiennent que la libération de la caution résulte alors d'une novation qui aurait précédé la dation en paiement. Mais M. Ponsot, dans son *Traité du cautionnement,* n° 351, fait remarquer justement que cette prétendue novation pourrait être résolue par une demande fondée sur le défaut d'exécution de l'obligation, de la part de celui qui s'est obligé envers le créancier (art. 1184), et que néanmoins la caution, aux termes de l'article 2038 que nous étudions, n'en resterait pas moins libérée. Il en conclut donc que dans l'espèce, l'obligation de la caution s'éteint par une cause spéciale au cautionnement, par une disposition favorable de la loi pour l'engagement de celui qui s'est obligé pour autrui ; l'équité ne le permet pas tant que la caution, désormais dans l'impossibilité d'agir contre le débiteur, doive souffrir de l'arrangement fait par le créancier et porter la peine de son imprudence. Ces mêmes raisons nous amènent à décider que l'article 2038 s'applique aussi bien à la caution solidaire qu'à la caution simple.

Mais nous pensons que si le créancier n'avait accepté la dation en paiement que sous la réserve de ses droits contre le fidéjusseur, ce dernier en cas d'éviction ne pourrait pas se prétendre libéré.

Notre article recevrait encore exception dans le cas où l'immeuble donné en paiement appartenant à la caution elle-même, l'éviction en aurait été prononcée sur la demande de celle-ci ou de ses héritiers (Castel-Sarrasin, 22 juin 1850).

Enfin la Cour de cassation a décidé, 19 janvier 1863, que l'adjudication prononcée purement et simplement au profit d'un créancier de l'immeuble à lui hypothéqué ne constitue point l'acceptation *volontaire* d'un immeuble en paiement de la dette entraînant la décharge de la caution.

Novation. — La novation opérée à l'égard du débiteur principal libère les cautions (art. 1281). Les cautions, en effet, ne sont pas tenues de l'ancienne dette puisqu'elle est éteinte, et elles ne sont pas tenues de la nouvelle à laquelle elles n'ont pas accédé. Mais la simple prorogation de terme accordée par le créancier au débiteur principal ne décharge point la caution qui peut en ce cas poursuivre le débiteur pour le forcer au paiement. Telle est la disposition de l'article 2039. La cession de créance, la subrogation, produisent un changement de créancier, mais sans novation, et laissent également subsister l'engagement de la caution.

Remise de la dette. — La remise totale ou partielle faite au débiteur principal libère pour le tout dans le premier cas, pour partie dans le second, la caution qui s'est obligée à toute la dette. La remise partielle dans le cas où la caution ne serait pas obligée à toute la dette ne s'appliquerait pas tout d'abord à la portion cautionnée. On ne doit pas facilement présumer que le créancier a renoncé au cautionnement. Mais la remise ne produit cet effet libératoire vis-à-vis de la caution qu'autant qu'elle est faite volontairement, *animo donandi*, il n'en est plus de même lorsqu'elle est accordée forcément : par un contrat d'atermoiement, par un concordat. L'article 545 du Code de commerce le dit formellement pour le cas de concordat.

Quelle que soit la forme de la remise, quelles que soient les réserves faites par le créancier contre la caution, celle-ci est libérée de plein droit.

La remise du cautionnement que ferait le créancier à un fidéjusseur l'exposerait à la déchéance de l'article 2037.

Serment, transaction, jugement. — La caution simple ou solidaire pourra opposer au créancier le serment prêté par le débiteur principal, la transaction qu'il a faite, le jugement qu'il a obtenu relativement à l'existence ou à l'étendue de la dette lorsqu'elle y aura intérêt. L'article 1365 du Code civil le dit expressément pour le cas de serment, et il faut décider dans le même sens pour le jugement et la transaction par analogie et conformément à l'autorité de la loi romaine. L'obligation de la caution étant dépendante de celle du débiteur principal, la libération de l'un entraîne la libération de l'autre. Sur ce premier point les auteurs sont généralement d'accord, mais ils le sont moins sur l'effet du serment, du jugement et de la transaction quand ils aggravent la situation du débiteur. En ce qui concerne la transaction, nous pensons que la caution peut s'en tenir à l'obligation primitive, et prétendre régler sur elle l'effet de son engagement. La volonté contraire du créancier serait de nul effet. De telle sorte que si par une transaction avantageuse la dette se trouve diminuée, il y a là pour la caution un droit acquis qui ne saurait lui être enlevé par une transaction défavorable qui modifierait la première. Telle est la décision de la loi 62, D., *de pactis*. Mais la dépendance de l'obligation de la caution, la mission naturelle que semble avoir reçue le débiteur de répondre aux actions intentées relativement à l'existence de la dette, nous amènent à décider que le débiteur principal quand il plaide, prête ou défère le serment, représente la caution et que ses actes réagissent contre elle (Arrêt de rejet du 4 août 1842), sauf l'application de l'article 2037. Dans notre système, la caution est partie au jugement, elle peut donc former appel lors même que le débiteur principal ne le voudrait pas, mais elle ne pourrait former tierce opposition (Cassat., 27 novembre 1811). Nous déciderons de même que le créancier quand il plaide, prête ou défère le serment, relativement à l'existence du cautionnement, représente la caution ; mais que celle-ci peut repousser une transaction qui lui serait défavorable et par laquelle le créancier par exemple aurait déchargé une caution.

Compensation. — La caution peut opposer la compensation de ce que le créancier doit au débiteur principal (art. 1294). Elle le peut malgré le débiteur principal, car la compensation a lieu de plein droit, et toutes les conventions que pourraient faire le créancier et le débiteur ne sauraient en empêcher les effets à l'égard des tiers. Cependant, si le créancier avait payé une dette éteinte par compensation, ayant une juste cause d'ignorer sa créance, il pourrait encore l'exercer et se prévaloir des cautionnements qui y étaient attachés. La caution solidaire, comme la caution simple, peut invoquer la compensation. Il en est autrement du débiteur solidaire qui ne peut opposer la compensation de ce que le créancier doit à son codébiteur (même art. 1294). La raison en est qu'il ne faut pas que le débiteur actionné puisse rejeter sur son codébiteur le fardeau de l'avance. Mais il est au contraire conforme à l'équité que le débiteur acquitte la dette plutôt que la caution qui, du reste, ne perd pas sa qualité d'obligé subsidiaire en se portant caution solidaire. Si le débiteur était tenu de deux dettes toutes les deux compensables mais dont l'une seulement serait cautionnée, il faudrait à moins d'intention contraire faire porter la compensation sur la dette cautionnée (art. 1297), comme étant celle que le débiteur a le plus d'intérêt à acquitter (art. 1256).

Lorsqu'une caution demande à compenser ce que le créancier lui doit avec ce que doit le débiteur principal, ses cofidéjusseurs sont libérés, mais dans ce cas la compensation n'a pas lieu de plein droit.

Confusion. — Lorsqu'elle se produit entre le créancier et le débiteur principal, elle éteint l'obligation, personne ne pouvant être créancier et débiteur de soi-même, et du même coup elle éteint le cautionnement. Mais si le débiteur ne succédait au créancier que pour partie ou réciproquement, les cautions seraient libérées seulement dans la même proportion ; mais cet effet libératoire se produirait quelle que soit la composition des lots, lors même que la créance tout entière serait attribuée à un cohéritier du débiteur ou que la dette tout entière serait imposée à un cohéritier du créancier.

Si l'héritier faisait révoquer son acceptation pour cause de violence, si le testament qui l'a institué venait à être annulé, la confusion ne se serait en réalité pas produite, les cautions n'auraient jamais été libérées ; mais si l'héritier vendait la succession, il y aurait là pour les tiers *res inter alios acta,* cela ne ferait pas revivre l'engagement des cautions qui demeureraient libérées.

Un des effets du bénéfice d'inventaire étant d'empêcher la confusion (art. 802), en cas d'acceptation bénéficiaire, les cautions continueraient à répondre de la dette.

Enfin, la confusion lorsqu'elle se produit ne détruit pas les effets du cautionnement dans le passé, elle laisse subsister le recours de la caution pour toutes les sommes qu'elle aurait déjà payées en l'acquit du débiteur.

Nous savons déjà que la confusion qui se produit entre le créancier et la caution libère les autres cautions pour la part de leur cofidéjusseur.

Perte de la chose due. — Lorsque l'exécution de l'obligation est devenue physiquement ou légalement impossible, lorsque par exemple la chose due a péri sans la faute du débiteur et sans qu'il soit en demeure, le débiteur principal est libéré et par suite l'obligation de la caution est éteinte. Mais si la chose vient à périr après la demeure du débiteur ou par sa faute, son obligation, sauf l'exception du second alinéa de l'article 1302, se trouve convertie en une obligation de payer des dommages-intérêts et perpétuée à l'égard de la caution. En s'obligeant pour le débiteur principal, la caution a entendu procurer une sûreté pour le cas où l'obligation ne serait pas exécutée, elle doit donc répondre des dommages-intérêts, comme le débiteur lui-même, mais dans la mesure de l'obligation primitive. Si la chose due a péri par la faute de la caution, le débiteur principal est complétement libéré, car si la caution s'oblige pour le débiteur, celui-ci ne s'oblige pas pour elle. Dans le même cas, les cofidéjusseurs seraient également libérés, ils ne sont pas obligés solidairement (art. 1205).

Condition résolutoire. — Si l'obligation du débiteur principal a été contractée sous une condition résolutoire, la réalisation de la condition opère la révocation de l'obligation du débiteur et libère la caution. Quant à la résolution survenue par suite du défaut d'exécution de la part du débiteur et sur la demande du créancier, elle laisse subsister une obligation de payer des dommages-intérêts qui pèse subsidiairement sur la caution. L'article 520 du Code de commerce s'exprime formellement dans ce sens, dans le cas de résolution du concordat pour cause d'inexécution des conditions.

Nullité ou rescision. — La nullité dont l'obligation principale est entachée donne lieu tantôt à une exception purement personnelle que le débiteur seul peut invoquer, tantôt à une exception réelle dont la caution pourra profiter. De même que la caution ne peut pas se prévaloir comme nous l'avons déjà dit d'un délai de grâce, d'un concordat accordé au débiteur, elle ne peut pas davantage invoquer sa qualité de mineur, d'interdit, de femme mariée. Les bénéfices et les faveurs que la loi réserve à la personne du débiteur ne peuvent pas être étendus à la personne de la caution. Et lors même que l'obligation principale viendrait à être annulée sur le fondement d'une des causes que nous venons d'énumérer, la caution n'en serait pas moins aussi strictement obligée. Mais la nullité, au contraire, dont serait entachée l'obligation principale, par suite de l'erreur, de la violence et du dol, produirait une exception réelle *rei cohærens* commune au débiteur principal et à la caution, et celle-ci pourrait s'en prévaloir, soit que le débiteur principal en ait déjà usé avec succès, soit qu'il néglige ou refuse d'en user. La ratification, même émanée du débiteur, serait impuissante à purger l'obligation du vice qui l'infecte et la rend annulable vis-à-vis de la caution. L'article 1338 réserve expressément le droit des tiers contre toute ratification et il s'applique à toutes les hypothèses imaginables. Mais si la caution avait eu connaissance du vice dont l'obligation était infectée, nous pensons, dans ce cas, qu'elle serait valablement obligée et qu'elle serait non-recevable à invoquer la nullité de l'obligation principale. Il serait raisonnable d'admettre qu'elle a voulu adhérer à l'obligation naturelle qui existe à la charge du débiteur. Son engagement n'aurait pas plus d'étendue que celui du débiteur, l'objet en serait le même, l'exécution en serait seulement plus énergiquement assurée.

Prescription. — Lorsque le temps requis pour la prescription de la dette principale vient à s'accomplir, la caution aux termes de l'article 2225 peut opposer sa libération. Elle le pourra lors même que le débiteur principal aurait renoncé à opposer le moyen de la prescription. Il est bien vrai que la reconnaissance faite par le débiteur principal interrompt la prescription, tant qu'elle n'est pas accomplie ; il est bien vrai que la prescription accomplie n'éteint pas la dette de plein droit et que tant qu'elle n'est pas invoquée, l'obligation principale dure. Malgré cela, les termes de l'article 2225 nous paraissent suffisamment explicites pour justifier notre solution. La loi, toujours favorable à la caution, n'a pas voulu la laisser à la merci du débiteur et laisser ce dernier juge de sa libération. Nous dirons en conséquence qu'en matière de courtes prescriptions, c'est à la caution que devra être déféré le serment dont parle l'article 2275. Autrement, il serait facile au débiteur de priver la caution du bénéfice de la prescription qu'elle invoquerait, il lui suffirait de refuser de prêter le serment.

L'interpellation adressée à une des cautions ou sa reconnaissance n'interrompt pas la prescription contre les autres. Les cautions d'un même débiteur ne sont pas obligées solidairement.

Des autres moyens de défense.

Par l'emploi de ces autres moyens, la caution ne s'attaque pas au cautionnement lui-même, elle ne repousse pas sa qualité de caution, elle entend seulement user des garanties ou faveurs que la loi lui accorde. C'est par exemple la juridiction commerciale qu'elle repousse, parce qu'elle a contracté un engagement civil. C'est l'exception *judicatum solvi* qu'elle oppose à l'étranger demandeur. Ou bien enfin, elle invoque le bénéfice de discussion et le bénéfice de division, nous allons spécialement nous occuper de ces bénéfices ou exceptions.

Bénéfice de discussion.

L'engagement de la caution n'est pas conditionnel, il est pur et simple et le créancier peut, à l'échéance de la dette, commencer les poursuites contre elle, comme il pourrait le faire contre le débiteur et sans plus de formalités. Toutefois, Delvincourt et Duranton, argumentant de ces mots que la caution n'est obligée qu'à défaut du débiteur, voulaient que le créancier fût tenu avant d'agir contre elle de rapporter la preuve du retard mis par le débiteur à satisfaire à son obligation. Cette opinion a été rejetée dans la pratique. Mais comme l'engagement de la caution est subsidiaire, qu'en définitive c'est le débiteur qui doit supporter le fardeau de la dette s'il est solvable, le créancier n'a aucun intérêt à s'attaquer à la caution plutôt qu'au débiteur lorsqu'il est certain que ce dernier peut payer. De là le droit pour la caution *poursuivie* de dire au créancier : adressez-vous d'abord au débiteur, il a des biens, discutez-les, employez-en le prix à l'acquittement de sa dette. Tel est le sens de l'article 2021.

Le bénéfice de discussion avait existé dans le très-ancien droit romain, puis il avait fini par tomber en désuétude, et dès le commencement du troisième siècle nous voyons les constitutions impériales (l. 5, C., *de fidejussoribus*) consacrer la faculté pour le créancier de s'adresser au fidéjusseur, aussi bien qu'au débiteur, de choisir celui des deux qu'il lui est le plus commode ou le plus utile d'atteindre. Mais Justinien modifia la législation sur ce point, et à partir de la novelle IV, le créancier dut s'attaquer d'abord à celui qui s'était obligé principalement avec lui, qui avait reçu le prix de son obligation. Ce droit de la novelle fut accepté assez tard par notre ancienne jurisprudence, il n'en est pas question dans Beaumanoir qui écrivait au XIIIe siècle sur nos coutumes. Il était du reste considéré comme un droit subtil et pointilleux, et sous l'empire de cette idée, on y renonçait presque toujours en pratique, la clause de renonciation étant devenue de style. De plus, nous dit Pothier (*Obligations*, n° 408), ce droit n'était pas accordé à toutes les cautions et dans tous les cas ; et notre Code a adopté sur ce point les idées de notre ancienne jurisprudence. Le bénéfice de discussion, en effet, n'est pas de l'essence du cautionnement, les cautions judiciaires, aujourd'hui comme dans notre ancien droit, en sont privées, et les autres ne peuvent pas toujours l'invoquer. Certains auteurs, et parmi eux M. Troplong, *du Cautionnement*, n° 233, le refusent même aux cautions obligées commercialement ; mais nous croyons que ce point est contestable, les raisons sur lesquelles on prétend l'appuyer ne nous paraissent pas très-solides. Le bénéfice de discussion, dit M. Troplong, serait une entrave à la marche des affaires, mais si cette raison suffisait, il faudrait non pas seulement retirer le bénéfice aux cautions commerciales, mais le supprimer en matière commerciale, et M. Troplong n'ose pas aller jusque-là. Dans le commerce, dit-on encore le, cautionnement est toujours rémunéré et il n'y a pas lieu de lui appliquer les dispositions favorables de la loi.

On ajoute qu'aux termes de l'article 142 du Code de commerce, le donneur d'aval est tenu d'une manière principale, comme les tireurs et endosseurs de lettre de change. Nous répondrons que dès que la caution reçoit un prix pour le risque qu'elle prend à sa charge, il intervient entre elle et le créancier un contrat d'assurances avec ses règles à lui et que l'article 142 du Code de commerce ne tranche en rien la question, puisqu'il ne fait qu'appliquer spécialement à l'obligation du donneur d'aval les règles des engagements solidaires. Si la caution devenait créancière du créancier, nous ne la priverions pas non plus du bénéfice de discussion, dans le cas où elle se verrait opposer la compensation. La compensation est un paiement et la caution ne sera obligée de le subir qu'autant que le débiteur sera dans l'impossibilité de faire ce qu'on lui demande à elle-même de faire. (En sens contraire, Troplong, *du Cautionnement*, n° 235.) Le fidéjusseur qui devient héritier du débiteur n'a pas droit au bénéfice de discussion, il est tenu comme le débiteur principal lui-même. De même, la caution qui revendique contre un débiteur se verra repousser sans réplique par la règle : *quem de evictione tenet actio eumdem agentem repellit exceptio*. Le bénéfice de discussion, en effet, ne peut être invoqué que lorsque l'obligation peut être exécutée par le débiteur, aussi bien que par le fidéjusseur. Et dans l'espèce, le fidéjusseur tout seul peut satisfaire à l'obligation en retirant sa demande (Troplong, *du Cautionnement,* n° 237). Pour des raisons identiques, la caution ne peut se défendre par l'exception de discussion, quand il est notoire que le débiteur principal est insolvable. Mais nous n'assimilerons pas le débiteur absent au débiteur insolvable.

De plus, l'exception de discussion étant une pure faveur de la loi, la caution peut y renoncer soit expressément, soit tacitement. La renonciation expresse se trouvera le plus souvent dans l'acte qui constate le cautionnement, car elle est devenue une clause de style dans la pratique, mais elle peut aussi être faite au moment des poursuites. La renonciation tacite s'induira de termes et de faits non équivoques, et les tribunaux devront se montrer sévères sur l'admission des preuves en pareille matière. Toutefois, nous pensons qu'il faut interpréter dans le sens d'une renonciation implicite au bénéfice de discussion la clause par laquelle la caution s'obligerait comme débiteur principal. Il n'y aurait aucun doute possible, si elle se portait caution solidaire. Dans ce cas, dit l'art. 2021, l'effet de son engagement se règlerait par les principes établis pour les dettes solidaires ; ce qui ne signifie pas que la caution deviendrait un véritable débiteur solidaire, elle continuerait au contraire à jouer le rôle de caution tant à l'égard du créancier qu'à l'égard du débiteur. Elle conserverait le droit de se prévaloir des prérogatives autres que le bénéfice de discussion et de division, que notre article paraît seul viser, en raison de la place qu'il occupe en tête de la section 2 de notre titre, et elle pourrait exercer son recours contre le débiteur sans être obligée, comme le débiteur solidaire, de prouver qu'elle n'a aucun intérêt dans la dette.

Nous venons de voir quelles étaient les personnes qui pouvaient user du bénéfice de discussion ; il nous reste à dire à quelles conditions l'exercice de ce droit est soumis.

Il faut d'abord l'invoquer, le juge ne pourrait pas ordonner la discussion d'office, notre Code n'innove pas sur ce point, il ne fait que consacrer ce qui existait auparavant. Si les poursuites intentées contre la caution sont judiciaires, celle-ci manifestera la volonté de faire discuter par acte d'avoué à avoué si elles sont extrajudiciaires par exploit notifié au créancier. Mais on discutait dans l'ancien droit sur le point de savoir à quel moment elle ne pouvait plus être demandée. Des auteurs en grand nombre, s'appuyant sur ce que la discussion avait pour but non-seulement de gagner du temps, mais quelquefois aussi d'écarter définitivement le créancier, prétendaient que l'exception qui en résultait, étant en quelque sorte péremptoire, pouvait être opposée en tout état de cause. D'autres voulaient, au contraire, qu'elle fût considérée comme exception dilatoire, et en concluaient que le fidéjusseur devait l'opposer avant d'avoir plaidé au fond, avant la contestation en cause (Pothier, *Obligations*, n° 410).

Les rédacteurs du Code avaient tout d'abord admis l'opinion des premiers auteurs, mais sur l'observation du

Tribunal qu'il ne fallait pas permettre à la caution de se jouer du créancier, en lui laissant continuer des poursuites qu'elle arrêterait quand cela lui plairait, le texte fut réformé et rédigé conformément à la doctrine de Pothier. Mais l'expression dont se sert le Code est plus large que celle de Pothier : *avant la contestation en cause.* Ces mots, premières poursuites, indiquent qu'un certain temps est laissé à la caution pour réfléchir et prendre parti, et qu'elle sera seulement déclarée non-recevable à invoquer l'exception de discussion lorsqu'elle sera raisonnablement présumée y avoir renoncé, ce qui arriverait du reste si la discussion était réclamée pour la première fois en cause d'appel (Cassat., rej. 27 janvier 1835). Il en serait encore de même si la caution laissait prononcer la validité d'une saisie-arrêt faite sur elle) si elle laissait vendre ses meubles sur saisie-exécution ou sur saisie-brandon. Dans ces cas, l'exception de discussion serait perdue, il y aurait renonciation tacite à s'en prévaloir. Mais nous pensons que la caution n'encourrait aucune déchéance, si elle contestait seulement sa qualité de caution, l'existence même de la dette principale. Dans cette hypothèse, on ne sait pas encore s'il y aura lieu au bénéfice de discussion, la caution n'a donc pas à s'en préoccuper, et s'il est jugé contre elle, elle ne peut pas être présumée avoir renoncé à un bénéfice dont l'existence était en fait subordonnée à la décision du tribunal. (En ce sens, Aubry et Rau, *du Cautionnement,* § 426, note 8.)

Par exception, la caution pourra demander la discussion après les premières poursuites, lorsque les biens ne seront entrés dans le patrimoine du débiteur que plus tard, par une succession qui lui serait échue, par exemple ; le défendeur ne pouvant pas être réputé lorsqu'il a défendu au fond avoir renoncé à une exception qui n'était pas encore née (Pothier, *Oblig.*, n°410). Le droit de demander la discussion est, comme nous l'avons dit, une faveur fondée sur ce qu'il est équitable que le débiteur s'exécute plutôt que la caution. Mais la loi ne veut pas qu'il devienne un moyen de vexation contre le créancier ; aussi elle en restreint l'exercice et le soumet à deux conditions : la première qu'il indique les biens sur lesquels doit porter la discussion, la seconde qu'il fasse l'avance des fonds nécessaires.

La caution doit faire connaître au créancier les biens du débiteur principal. Elle peut indiquer les meubles comme les immeubles, mais elle ne pourrait pas indiquer quelques objets d'une valeur insignifiante. Elle ne pourrait pas davantage indiquer un objet puis un autre, l'indication doit être faite d'un seul coup, sauf pourtant le cas où, postérieurement à l'indication, le débiteur aurait acquis de nouveaux biens (Bugnet sur Pothier, *Obligations*, n° 411, note 1).

La nature des biens est indifférente, mais il n'en est pas de même de leur situation. La discussion ne doit pas être trop difficile, trop incommode, et elle le serait,(art. 2023,) si les biens étaient situés hors du ressort de a cour d'appel où le paiement doit être fait. Pothier nous dit que le créancier ne pouvait pas être obligé à la discussion des biens situés hors du royaume, et que M. de Lamoignon voulait qu'il ne pût même être obligé à la discussion de ceux situés dans le ressort d'un autre parlement (*Oblig.*, n° 412).

La caution ne pourrait pas non plus indiquer des biens litigieux. Ces expressions de notre article ne paraissent pas avoir le sens de l'article 1700, aux termes duquel la chose est censée litigieuse, dès qu'il y a procès et contestation sur le fond du droit ; il faut les appliquer dans un sens large, et dire qu'il suffit que la chose soit sujette à contestation. Cette interprétation est confirmée par un arrêt de la cour de Toulouse du 9 mars 1819, qui décide que les biens échus au débiteur principal, dans les successions indivises de ses père et mère, sont des biens litigieux au point de vue de l'application de l'article 2023 et de l'exercice du bénéfice de discussion.

Enfin, les biens hypothéqués à la dette qui seraient passés dans les mains des tiers ne pourraient être utilement indiqués. Mais cette disposition, malgré les explications qu'en donnent des auteurs autorisés, ne se comprend pas très-bien. Comme le fait remarquer Buguet sur Pothier (*Oblig.*, n° 412, note 3), la caution, si elle avait acquitté la dette, serait subrogée au créancier et pourrait agir hypothécairement contre les tiers détenteurs des biens ; on est généralement d'accord sur ce point. Pourquoi donc la caution ne pourrait-elle pas indiquer tout de suite au créancier ces mêmes biens? Pourquoi, de caution simple qu'elle était, la rendre en quelque sorte caution solidaire ? parce qu'il y a des tiers détenteurs. La discussion, a-t-on dit, ne doit être ni longue ni difficile ; mais les formalités nécessaires pour arriver à la réalisation et à la distribution du prix d'un immeuble hypothéqué ne sont guère plus compliquées dans le cas où l'immeuble est sorti du patrimoine du débiteur que dans le cas où il y est encore. « *Tout ce qui intéresse le créancier,* disait le tribun Goupil-Préfeln, *c'est d'être employé dans l'état d'ordre à un rang utile. L'aliénation ne lui porte aucun préjudice, si son hypothèque a conservé sa date et son privilége.* »

Le tribun Chabot répondit très-vaguement aux arguments du tribun Goupil-Préfeln. C'est l'avis de M. Troplong (*du Cautionnement,* n° 268), qui pourtant cherche à apporter des raisons nouvelles en faveur de l'article 2023. Le tiers détenteur, dit-il, et la caution sont dans une situation aussi intéressante l'un que l'autre. Tous les tiers sont d'égale condition et le législateur a bien fait de tenir l'équilibre entre eux. Nous n'acceptons pas cette explication, nous croyons au contraire que la caution se trouve aux yeux de la loi dans une situation préférable à celle du tiers détenteur de l'immeuble hypothéqué à la dette par le débiteur principal ; nous reviendrons du reste sur ce point quand nous nous occuperons des rapports entre le tiers détenteur et la caution.

Quoi qu'il en soit, nous nous inclinons devant le texte de la loi et nous arrivons à l'examen de la dernière condition apportée à l'exercice du bénéfice de discussion, l'avance des fonds. Cette condition a été l'objet de vives critiques qui ne nous paraissent pas bien fondées. Il faut, dit-on, que la caution remette des fonds au créancier, qu'elle s'interdise d'en surveiller l'emploi, qu'elle reste étrangère à la direction de la procédure ; avec cette restriction la loi retire d'une main ce qu'elle donne de l'autre, le bénéfice de discussion devient une faveur nominale illusoire.

Mais il ne faut pourtant pas que le créancier soit sacrifié et c'est ce qui arriverait s'il était obligé d'avancer des fonds dont le remboursement ne serait pas assuré ; sans compter que le bénéfice de discussion, s'il n'était ainsi limité, serait opposé sans ménagements, sans scrupule, et deviendrait pour la caution un moyen de vexation à l'égard du créancier. J'ajoute que si ses avantages sont en réalité diminués, il conserve encore une grande partie de son utilité puisque, au moyen de l'avance d'une faible somme pour les frais, la caution peut se dispenser de payer et quelquefois s'affranchir ainsi de son obligation d'acquitter la dette principale.

C'est donc aux frais de la caution, à ses risques et périls, et avec les deniers fournis par elle, que doit se faire la discussion du débiteur principal. L'avance des fonds n'était exigée dans notre ancien droit que pour la discussion des immeubles (Pothier, *Oblig.*, n° 413), mais notre Code ne distingue pas, et l'avance aujourd'hui doit être faite tant pour les meubles que pour les immeubles. Les fonds ne doivent pas être nécessairement offerts au moment même où le bénéfice de discussion est invoqué, la caution peut attendre que le créancier les lui demande (Troplong, *du Cautionnement*, n° 273).

Mais quand la caution a satisfait aux prescriptions de la loi, des rapports juridiques nouveaux vont-ils se former entre elle et le créancier ? Non, disait Pothier (*Oblig.*, n° 414), le créancier qui laisse le débiteur devenir insolvable par sa négligence à le poursuivre peut revenir contre la caution. La loi ayant fixé le temps dans lequel un créancier peut exercer ses actions, le fidéjusseur ne peut lui en fixer un plus court que celui que la loi lui accorde. Pothier faisait cependant exception en faveur du fidéjusseur obligé à payer *ce que le créancier ne pourrait retirer du débiteur principal* et qu'on a appelé *fidejussor indemnitatis,* il lui permettait d'opposer le défaut de poursuite. La coutume de Bretagne, (article 192) consacrait au contraire, dans tous les cas, la responsabilité du créancier et elle faisait en cela l'application des véritables principes ; sa disposition a passé dans l'article 2024.

Le créancier en effet qui a reçu l'avance des frais devient le mandataire de la caution. Et, s'il néglige de remplir son mandat, il devient responsable des suites de son inexactitude, la caution peut exiger sa libération jusqu'à concurrence de la somme que le créancier aurait pu obtenir s'il avait été diligent. Mais cette disposition rigoureuse ne devra être appliquée qu'autant qu'il y aura faute de la part du créancier, et ce dernier ne devrait pas être rendu responsable d'une insolvabilité antérieure à l'exception de discussion ou survenue avec une trop grande rapidité. Le projet du Code accordait un délai de trois mois au créancier pour agir, mais le Code reste muet sur ce point. La question de responsabilité sera donc appréciée en fait par les juges, et leur décision à cet égard restera à l'abri du contrôle de la Cour de cassation.

Le créancier, malgré l'article 2209, aux termes duquel la vente des immeubles non hypothéqués à la dette ne peut être poursuivie qu'en cas d'insuffisance des biens hypothéqués, est tenu de discuter tous les biens indiqués sans distinction ; et s'il borne ses poursuites aux immeubles hypothéqués il perd son recours contre la caution jusqu'à concurrence de la valeur des biens non discutés. Dans le même cas, et tant que la valeur des immeubles non discutés n'est pas déterminée, les juges peuvent décider que la caution doit en l'état être réputée ne rien devoir et annuler par ce motif les poursuites dirigées contre elle (Arrêt de rejet du 8 avril 1835).

Bénéfice de division.

Mais soit que l'exception de discussion n'ait pas été invoquée, soit que les biens du débiteur n'aient pas suffi à payer intégralement la dette, le créancier peut recourir contre la caution et poursuivre le remboursement de ce qui lui est dû. Et si nous supposons que plusieurs cautions ont cautionné le débiteur, le créancier peut agir contre chacune d'elles pour le tout. Telle est la décision de l'article 2025. Cet article du reste ne fait que consacrer ce qui existait autrefois en droit romain à l'égard des fidéjusseurs et dans notre ancien droit (Pothier, *Oblig.*, n° 415). En cela il contient une dérogation aux règles déjà posées dans une autre partie de notre Code et d'après lesquelles ceux qui s'obligent conjointement s'obligent pour leur part et portion. La raison de cette dérogation se trouve dans l'intention des parties, dans la nature de l'obligation accessoire, laquelle se calque en principe sur l'obligation principale et reçoit la même étendue qu'elle, s'il n'a rien été dit de contraire. Mais de ce que les cautions d'une même dette et d'un même débiteur sont obligées *in solidum*, il n'en faut pas conclure qu'elles sont obligées solidairement. Des auteurs et parmi eux M. Troplong (*du Cautionnement*, nos 290 et suivants), l'ont prétendu cependant. Mais la solidarité ne se présume pas (article 1202), le législateur a toujours soin de s'en expliquer quand il l'impose et l'article 2025 n'est pas assez explicite pour qu'on puisse l'induire de ses termes.

Le seul rapport qui existe entre les cautions est celui que crée ce qu'on appelle improprement la solidarité imparfaite, en ce sens que chaque caution est tenue pour le tout et que le paiement fait par l'une libère les autres. De plus, le principe de l'article 2025 tel que nous l'avons formulé est encore tempéré dans une large mesure par les dispositions qui le suivent. L'article 2026 en effet rappelant la concession faite par Adrien aux fidéjusseurs permet à la caution poursuivie d'exiger que le créancier divise son action entre toutes les cautions solvables au moment où intervient le jugement qui le condamne envers lui. Aux termes de notre article, c'est seulement lorsqu'elle est poursuivie par le créancier que la caution peut opposer le bénéfice de division ; jusque-là elle continue à être tenue pour le tout et elle ne pourrait pas valablement offrir sa part de la dette. A moins pourtant que, dès le principe, elle se soit obligée à payer une fraction seulement de la dette, auquel cas elle serait recevable à payer, avant toute poursuite, la somme jusqu'à concurrence de laquelle elle se serait obligée. De même que la caution doit invoquer le bénéfice de discussion, de même elle doit demander la division. Si elle garde le silence elle est censée y renoncer et le juge excéderait ses pouvoirs en la prononçant d'office.

Si la caution est poursuivie judiciairement, elle opposera la division par acte d'avoué à avoué. Si elle est poursuivie extrajudiciairement, elle l'opposera par exploit d'huissier. Mais elle n'aura pas à faire l'avance des frais de poursuite, ni à indiquer les biens, car la division une fois prononcée, et valablement prononcée en sa faveur, elle reste étrangère à la dette et ne peut plus être recherchée. La division est donc une véritable défense au fond. Il suit de là qu'elle peut être proposée en tout état de cause, il suffit que le fidéjusseur en excipe avant le jugement. Pothier (*du Cautionnement*) n° 425, s'élève avec raison contre les docteurs, qui enseignaient, sur le fondement de la loi romaine, que notre exception devait être proposée avant la contestation en cause. Mais le jugement une fois prononcé, la caution n'est plus recevable à demander la division. Ici encore, Pothier, *loc. cit.*, s'élève contre des auteurs qui voulaient qu'à l'exemple de l'exception *cedendarum actionum*, l'exception de division pût être opposée après le jugement de condamnation. Mais ce qui se comprend du bénéfice *cedendarum actionum* ne se comprend plus du bénéfice de division. Le premier ne porte pas atteinte au jugement ; le second, au contraire, s'il venait à être invoqué après le jugement de condamnation, s'attaquerait à l'autorité de la chose jugée puisqu'il aurait pour effet de diminuer la condamnation. Mais le jugement qui enlève à la caution le droit d'opposer la division, c'est un jugement en dernier ressort ou passé en force de chose jugée (Pothier, *Obligat.*, n° 425).

Quand les poursuites dirigées contre l'une des cautions sont extrajudiciaires, celle-ci peut demander la division même après la vente, et tant que le prix des biens n'est pas partagé. La vente, en effet, n'implique pas renonciation à l'exception, car elle était nécessaire, soit qu'il fallût payer le tout, soit qu'il fallût payer une partie. Mais s'il résultait des circonstances qu'à une époque même antérieure à la vente la caution a renoncé à la division, elle ne serait pas recevable à la demander plus tard. Il faudrait, du reste, que les faits desquels on prétendrait induire la renonciation indiquassent nettement la volonté de la caution, on ne doit pas supposer facilement les renonciations tacites. La caution qui nierait sa qualité de caution ne serait pas déchue du droit d'opposer la discussion, il n'y a de déchéances que celles qui sont écrites dans la loi. La renonciation expresse ne donnera lieu à aucune difficulté, elle résultera ordinairement d'une déclaration contenue dans l'acte de cautionnement, et qui est devenue de style aujourd'hui dans les actes notariés. Si la caution s'est obligée solidairement soit avec le débiteur, soit avec les cautions, elle ne pourra pas demander la division puisque l'article 1203 auquel renvoie l'article 1221 dit expressément que le créancier d'une obligation contractée solidairement peut s'adresser à celui des débiteurs qu'il veut choisir sans que celui-ci puisse lui opposer le bénéfice de division. » Mais si les cautions s'étaient obligées solidairement entre elles, elles seraient privées du bénéfice de division et pourtant elles pourraient opposer le bénéfice de discussion. Ces deux bénéfices sont donc indépendants l'un de l'autre. Dans notre ancien droit, les cautions judiciaires ne pouvaient pas invoquer le bénéfice de division. Notre Code n'a pas reproduit cette déchéance, les cautions judiciaires restent à cet égard dans le droit commun.

Supposons que la caution ait conservé intact le droit de demander la discussion et voyons à quelles conditions elle peut l'exercer. En principe la division aura lieu d'une manière très-large entre toutes les cautions quelle que soit la date de leur engagement. Cependant la division ne peut s'opérer qu'entre les cofidéjusseurs d'un même débiteur, et nous en déduirons qu'elle ne s'exerce pas entre la caution et son certificateur, la caution étant un débiteur principal à l'égard de son certificateur. Elle n'aura pas lieu non plus entre cautions qui n'auront pas efficacement cette qualité. Si donc l'engagement de l'une d'elles était radicalement nul, cette dernière ne devrait pas être comptée pour le règlement de la part à payer. Mais si l'engagement était simplement annulable, on le supposerait valable pour le moment, sauf au créancier à revenir plus tard contre les cautions qui auraient demandé et obtenu la division, dans le cas où l'engagement viendrait à être annulé. Spécialement, si une des cautions faisait tomber son obligation pour cause de minorité, le créancier pourrait revenir contre la caution qui antérieurement aurait demandé la division, et cela lors même que l'engagement du mineur aurait précédé celui de son cofidéjusseur. Le droit romain avait une décision contraire (Pothier, *Obligat.*, 424). La caution obligée sous condition compte également pour la division, sauf encore le droit pour le créancier de revenir contre celles qui ont demande la division, si la condition vient à défaillir. Dans l'ancien droit, la caution domiciliée à l'étranger n'était pas comptée pour la division. Cette exception ne se trouve pas dans notre Code.

Il faut en outre, pour l'exercice du bénéfice de division, que les cautions entre lesquelles doit se faire la division soient solvables. Ce qui montre bien que les cautions sont obligées *in solidum* et que la division de notre article n'est pas une division ordinaire et de plein droit comme celle qui avait lieu dans l'ancien droit romain entre les *sponsores*. La caution est obligée pour le tout, telle est la règle, tempérée dans sa rigueur par le bénéfice de division, espèce de grâce que la loi accorde à la caution lorsque les intérêts du créancier ne doivent pas en souffrir, c'est-à-dire lorsque les cautions sont solvables. Si donc tous les cofidéjusseurs sont insolvables, pas de bénéfice de division. Si quelques-uns seulement sont insolvables, on en fait abstraction, la division ne s'opère qu'entre ceux qui sont solvables. Mais la division une fois prononcée en faveur de la caution, le créancier ne peut plus revenir contre elle pour les insolvabilités survenues postérieurement. Il est donc intéressant de préciser ce moment à partir duquel la caution ne répond plus des insolvabilités de ses cofidéjusseurs. Dans l'ancien droit on s'attachait à la contestation en cause (Pothier, *Obligat.*, n° 420), et cette manière de voir a été adoptée par certains auteurs, notamment M. Ponsot (*du Cautionnement*, n° 126), qui enseigne que la solvabilité est requise au moment où le bénéfice de division est invoqué. Mais notre texte résiste à cette interprétation, il suppose expressément en effet pour l'examen de la responsabilité du créancier que la caution a fait prononcer la division et sa rédaction nous paraît exacte et sa disposition conforme à l'équité.

S'il y avait contestation entre le créancier et la caution sur le fait de la solvabilité d'un cofidéjusseur, la caution pourrait, en offrant de payer sa part et en prenant à sa charge les frais de la poursuite, obliger le créancier à discuter ce cofidéjusseur (Pothier, *Oblig.*, 422). Si, au contraire, une caution considérée comme solvable au temps où la division a été prononcée ne l'était pas en réalité, celles qui ont demandé la division pourraient être recherchées par le créancier et devraient payer tant la part de l'insolvable que les frais faits pour le discuter.

La division, du reste, ne profite qu'à la caution qui l'a demandée, pour les autres elle est *res inter alios acta*. Chacune d'elles reste tenue pour le tout sous la déduction de la part de celle qui a obtenu la division et le paiement qui serait fait de ce qui resterait ainsi dû ne donnerait pas lieu à l'action en répétition.

Enfin la division ne porte pas sur la somme due au moment où l'exception est invoquée. La caution qui aurait payé des à-compte pourrait les imputer sur sa part divise (Pothier, *Oblig.*, n° 426).

Tel est le bénéfice de division que la caution tient de la loi, mais il est bien évident que le créancier peut diviser lui-même son action sans qu'on le lui demande. Et la loi lui en suppose plus facilement l'intention en matière de cautionnement qu'en matière d'obligations solidaires. Aux termes de l'article 1211, en effet, le créancier n'est pas censé avoir renoncé à la solidarité parce qu'il a formé contre un débiteur solidaire une demande pour sa part, si celui-ci n'a pas acquiescé à la demande, ou s'il n'est pas intervenu un jugement de condamnation. Aux termes de l'article 2027, au contraire, il suffit que le créancier divise volontairement son action pour perdre définitivement son droit d'exiger le tout.

Dans le système de M. Troplong, pour qui les cautions sont naturellement obligées solidairement, cet article 2027 est en contradiction manifeste avec l'article 2011, et cet auteur pour l'expliquer est obligé de distinguer la prétendue solidarité légale de l'article 2021 et la solidarité stipulée (*du Cautionnement*, n°s 320 et suivants), la première laissant subsister le bénéfice de division et régie par l'article 2027, l'autre qui exclut le bénéfice de division et tombe sous l'application de l'article 1211. L'article 2027 consacre une disposition de faveur, il s'harmonise et s'accorde parfaitement, au contraire, avec ce que nous avons dit plus haut de la nature de l'engagement de la caution. Nous ne croyons cependant pas qu'il puisse s'appliquer dans tous les cas. Si par exemple les cautions s'étaient obligées solidairement, le créancier ne serait pas censé avoir renoncé à demander le tout parce qu'il aurait divisé volontairement son action ; ce serait le cas de l'article 1211. Néanmoins, l'article 2027 est général, et nous croyons qu'il devrait s'appliquer même dans le cas où les cautions, sans être obligées solidairement, seraient privées du bénéfice de division. La division spontanée n'est pas seulement irrévocable, elle a encore pour conséquence d'enlever au créancier le droit de revenir contre les cautions pour insolvabilités, même antérieures à la division.

DEUXIÈME PARTIE

DES EFFETS INDIRECTS DU CAUTIONNEMENT.

Des rapports entre la caution et le débiteur.

Nul ne doit s'enrichir aux dépens d'autrui, nul ne doit être victime du service qu'il a rendu. Ces deux idées sont le fondement du recours dont la caution se trouve armée contre le débiteur qu'elle a cautionné. En premier lieu, la caution qui a satisfait à l'obligation du débiteur principal se trouve investie contre lui d'une action personnelle très-large, à l'aide de laquelle elle pourra réclamer tout ce qu'elle a payé, dépensé ou perdu, à l'occasion du cautionnement. De plus, elle pourra se prétendre subrogée dans tous les droits du créancier, elle pourra les exercer pour son compte et se prévaloir des hypothèques, des garanties de toute sorte qui les accompagnent. Nous nous occuperons de ce double recours dans la première partie de notre section.

Mais il ne suffit pas de réparer le dommage éprouvé, i est sage aussi de le prévenir. La caution est ordinairement un mandataire du débiteur principal, et le mandataire n'est pas obligé à se dépouiller pour l'exécution du mandat (l. 45, D., *mandati*). Il peut agir contre le mandant pour que ce dernier lui facilite cette exécution en lui fournissant les fonds nécessaires. Voilà le principe de cette autre action que la loi accorde à la caution contre le débiteur principal (art. 2032) pour le forcer au paiement, sorte de recours préventif dont nous nous occuperons dans la seconde partie de notre section.

Aux termes de l'article 2028, la caution qui a payé peut recourir contre le débiteur principal, soit que le cautionnement ait été donné au su ou à l'insu du débiteur. Quand le cautionnement a eu lieu d'accord entre le débiteur et le fidéjusseur, c'est par l'effet d'un mandat, sinon exprès, du moins tacite, que la caution a payé, elle aura donc l'action *mandati contraria*. Quand le cautionnement a été prêté dans l'absence et à l'insu du débiteur, ce n'est plus qu'une gestion d'affaires, qu'un quasi-contrat, et l'action *negotiorum gestorum* s'ouvre pour le fidéjusseur. Mais les actions auront la même étendue et les mêmes effets, sauf, dans le second cas, l'obligation pour la caution de prouver l'utilité de la gestion. Si la caution s'est obligée malgré le débiteur principal ou n'est pas d'accord sur le recours qu'elle peut exercer, MM. Aubry et Rau (*du Cautionnement,* § 427, note 15) pensent qu'elle ne peut agir que comme subrogée aux droits du créancier, mais un grand nombre d'auteurs dont nous acceptons la manière de voir ne font aucune difficulté pour lui accorder une action utile *negotiorum gestorum,* lorsque la résistance du débiteur a été peu raisonnable, a été le résultat d'un entêtement ridicule et qu'en somme l'intervention de la caution lui a été utile. Il en serait autrement, sans doute, si le prétendu fidéjusseur avait entendu faire une donation, mais la donation ne se présume pas. Le recours dont nous nous occupons a son principe dans la libération que la caution procure au débiteur vis-à-vis du créancier, et il pourra être exercé, soit que la libération résulte d'un paiement effectif, d'une dation *in solutum*, d'une compensation ou d'une remise de la dette.

Toutefois, en cas de remise, il y aurait lieu d'examiner si le créancier a voulu faire donation à la caution de la créance cautionnée, pour la récompenser, par exemple, d'un service qu'elle lui aurait rendu ; ou si elle a voulu faire une simple remise du cautionnement, avec réserve de ses droits contre le débiteur. Dans le premier cas, le fidéjusseur pourra recouvrer la dette contre le débiteur ; dans le second, le droit du créancier demeurant entier contre le débiteur, le fidéjusseur n'aura que sa décharge.

De même que le recours de la caution a pour principe la libération du débiteur, il a pour objet tout ce qu'il en a coûté à la caution pour obtenir cette même libération. Mais le cautionnement est un contrat de bienfaisance, il ne doit pas être pour la caution la source d'un bénéfice. Elle ne doit rien perdre, mais elle ne doit rien gagner non plus.

Aux termes de l'article 2028, le recours a lieu pour le principal, les intérêts et les frais, et même les dommages-intérêts, s'il y a lieu. Le principal s'entend de ce qui a été fourni pour la libération, la caution ne serait pas recevable à demander une somme supérieure à celle qu'elle aurait payée, supérieure à la valeur de l'objet qu'elle a donné en paiement ; sauf pourtant le cas où le créancier se serait contenté de la somme ou de l'objet, et aurait fait remise de l'excédant de la dette au profit de la caution.

Par intérêts, nous entendons non pas seulement ceux du capital exigible, mais tous ceux des sommes déboursées. Tout ce qui sort de la poche de la caution devient un véritable capital et produit des intérêts susceptibles d'être répétés. La question était controversée dans notre ancien droit, et Pothier, (*Oblig.*, 440,) faisait courir les intérêts des déboursés du jour de la demande seulement. Mais aujourd'hui, la Doctrine est unanime pour accorder à la caution les intérêts du jour du paiement et la Jurisprudence est fixée dans le même sens. (Toulouse, 4 février 1828 ; et Caen, 7 août 1840.) Cette solution est conforme à l'équité et aux principes du mandat formulés dans l'article 2001 dont l'article 2028 n'est qu'une application. Et il n'y a pas à distinguer d'après les termes de l'article 2028 entre la caution qui agit par l'action de mandat et celle qui agit par l'action de gestion d'affaires.

Le fidéjusseur a recours aussi pour les frais, tant ceux que le créancier a faits contre elle que contre le débiteur. Cette solution ne découle pas rigoureusement de notre article, mais tous les auteurs s'accordent à dire qu'il est mal rédigé. Il porte en effet que la caution *n'a de recours que pour les frais par elle faits,* elle devrait donc rester à découvert des frais faits par le créancier contre le débiteur et que l'article 2016 met à sa charge. Telle n'a pas été la pensée du législateur. Il faut, d'après M. Delvincourt, faire subir au texte une légère correction et lire que la caution n'a de *recours pour les frais par elle faits que depuis qu'elle a dénoncé au débiteur principal les poursuites dirigées contre elle.*

Nous voyons par la fin de l'article que le fidéjusseur n'aura pas de recours pour les frais qu'il aura été obligé de supporter par sa faute et qu'il est en faute s'il néglige d'avertir le débiteur après le premier acte de poursuite.

Tous les frais de poursuite qui seraient faits à partir de cet acte et jusqu'à la dénonciation resteraient à la charge de la caution.

La caution qu'elle se soit obligée au su ou à l'insu du débiteur, ou même malgré lui, ainsi que nous l'avons dit plus haut, a droit à de larges dommages-intérêts ; c'est l'extension au cautionnement de la règle de l'article 2000, d'après lequel le mandant doit indemniser le mandataire des pertes que celui-ci a essuyées à l'occasion de sa gesion sans imprudence qui lui soit imputable. Le débiteur est tenu de payer ces dommages, quelle que soit leur importance, et lors même que le cautionnement aurait pour objet d'assurer le paiement d'une somme d'argent. L'article 1153 qui décide que dans les obligations de payer une certaine somme, les dommages-intérêts résultant du retard dans l'exécution ne consistent jamais que dans la condamnation aux intérêts fixés par la loi, réserve expressément le cas de cautionnement. C'est une disposition toute de faveur pour la caution, qui remplit un bon office et qui ne saurait être victime de la mauvaise volonté du débiteur. Nous en concluons qu'elle ne s'applique pas à la caution qui s'est obligée dans l'intérêt du créancier. Le législateur, en édictant l'article 2028, paraît s'être préoccupé uniquement de la caution qui rend un service au débiteur.

Quant à la caution, ainsi obligée dans l'intérêt du créancier, si elle vient à acquitter la dette, elle sera dans la situation d'un acheteur ou cessionnaire de créance, son action n'aura pas plus d'étendue que celle du créancier qu'elle a désintéressé (art. 2029). Lorsque la caution s'oblige dans son intérêt, lorsqu'elle se fait payer par le débiteur, des auteurs, parmi eux M. Delvincourt, restreignent à son égard l'application de l'article 2028. Le cautionnement, disent-ils dans cette hypothèse, devient un acte à titre onéreux, et les dommages-intérêts auxquels il peut donner lieu doivent être fixés conformément à la règle générale de l'article 1153. Nous adoptons cette interprétation.

Pour que le paiement donne lieu au recours de notre article 2028 il faut qu'il satisfasse à certaines conditions (Pothier, *Obligat.*, n° 432); il faut en premier lieu qu'il soit valable et libératoire. La caution qui aurait donné au créancier une chose qui ne lui appartenait pas ne ferait pas un paiement ayant cette qualité. Cependant, si la chose donnée était un menble et si le créancier prétendait invoquer la maxime *en fait de meubles possession vaut titre* (article 2279), il serait vrai de dire que la caution dans ce cas aurait libéré le débiteur; elle pourrait donc recourir contre lui.

Il faut encore que la caution n'ait pas négligé par sa faute quelque fin de non-recevoir qu'elle eût pu opposer au créancier. Ainsi, elle resterait privée de tout recours contre le débiteur si elle payait en son acquit le prix d'un héritage après qu'il en aurait été évincé et que l'éviction aurait été connue d'elle ; de même si elle payait au mépris d'une prescription accomplie. Sans doute l'exception de prescription peut lui paraître un moyen peu honnête et il peut lui répugner d'en user, mais il ne lui appartient pas de priver le débiteur d'un bénéfice qu'il tient de la loi. Si elle a des scrupules, qu'elle mette ce dernier en cause et qu'elle s'en rapporte à lui du soin d'opposer ou de rejeter le moyen tiré de la prescription, si, quant à elle, elle est décidée à ne point s'en prévaloir.

La caution toutefois reste maîtresse de ne point opposer des fins de non-recevoir à elle personnelles comme l'exception de minorité ou bien encore l'exception fondée sur ce que son obligation serait éteinte par l'expiration du délai pour lequel elle s'était engagée.

La caution pourra enfin être privée de tout recours contre le débiteur si le paiement qu'elle a fait quoique extinctif de la dette n'a pas été utile au débiteur. Si par exemple elle manque de prudence, garde le silence sur le paiement qu'elle a fait et laisse le débiteur payer à son tour, elle sera victime de sa négligence. Le débiteur est quitte envers elle en lui cédant son action en répétition contre le créancier. Notre Code, à l'exemple de ce qui avait déjà lieu dans notre ancien droit (Pothier, *Obligat.*, n° 438) feint une cession tacite et permet à la caution de répéter *recta via* du créancier ce qu'il aurait reçu une seconde fois. Il y a controverse sur le point de savoir si le débiteur n'est pas tenu d'une obligation corrélative à celle de la caution, s'il ne doit pas lui aussi avertir la caution du paiement qu'il a fait. Les partisans de la négative invoquent le silence de la loi, les partisans de l'affirmative invoquent le droit romain, l'ancien droit Pothier, (*Obligat.*, 437,) un arrêt de la cour de Lyon lequel pose en principe que le débiteur principal est en faute s'il n'avertit pas la caution. Nous pensons que la Cour est allée trop loin et qu'il ne faut pas poser en thèse absolu un point que le législateur s'est abstenu d'introduire dans la loi. A notre avis, il faut distinguer en fait suivant qu'il y aura eu ou non faute de la part de la caution. Si l'examen tourne contre elle, l'équité réclame qu'elle reste privée de recours et soit réduite à une action en répétition contre ce dernier.

(En sens contraire, Troplong, *du Cautionnement*, n° 382.) Mais il est bien évident que le débiteur principal n'encourrait aucune responsabilité pour n'avoir pas donné avis du paiement qu'il aurait fait à la caution si celle-ci s'était obligée à son insu (Pothier, *Oblig.*, n° 437.)

Aux termes de l'article 2031, deuxième alinéa, il est encore un cas où la caution ne ferait par un paiement utile, c'est celui où elle aurait payé sans être poursuivie et sans avoir averti le débiteur qui à ce moment aurait eu des moyens de faire déclarer la dette éteinte et lors même qu'elle n'en aurait pas eu connaissance. Une caution sérieuse et prudente n'ira pas au-devant du créancier, elle ne paiera pas sans s'informer près du débiteur s'il ne lui est pas possible de repousser d'une manière quelconque la prétention du créancier et si elle manque à ce devoir elle sera passible de la déchéance que consacre notre article 2031, elle n'aura que l'action en répétition contre le créancier.

Mais devrons-nous nous en rapportant à la lettre de notre article décider que c'est seulement lorsqu'elle n'est pas poursuivie que la caution doit avertir le débiteur. C'est l'avis de la Cour de Lyon dans son arrêt du 14 mai 1857 que nous avons déjà cité ; c'est aussi l'avis d'un grand nombre d'auteurs (*Troplong*, nos 383 et 384, *Bugnet sur Pothier, Obligat.*, n° 433.) Nous croyons cependant que cette doctrine est trop absolue et que la question doit être résolue suivant une distinction. Dans une foule de cas en effet la caution aura des moyens d'arrêter les poursuites soit judiciaires, soit extrajudiciaires dirigées contre elle et de se mettre en relation avec le débiteur, et il ne serait pas juste de lui accorder un bénéfice qu'elle ne mériterait pas. Si au contraire il n'y a pas de faute à imputer à la caution, si l'avertissement à donner au débiteur l'eût exposée à des préjudices, à des dangers trop grands, elle conservera son recours encore qu'elle eût payé une dette éteinte. Le débiteur connaît les armes dont le créancier dispose vis-à-vis de la caution, il doit donc lui faire savoir qu'elle ne doit pas payer ou prendre à sa charge le dommage qu'il lui cause en gardant un silence coupable ou imprudent. (Pont, *du Cautionnement*, n° 258.)

Quoique le paiement soit la cause et le point de départ de l'action que nous étudions, si la caution avait payé avant l'échéance, elle ne pourrait pas recourir immédiatement contre le débiteur qui ne saurait être privé par le fait d'autrui du terme qu'il a stipulé. La durée de ce recours n'ayant été limitée par aucune loi spéciale, il pourra être exercé pendant trente ans conformément à la règle générale de l'article 2262.

De l'action qui appartient à la caution comme subrogée aux droits du créancier.

En droit romain, le fidéjusseur pouvait exiger en payant que le créancier lui cédât ses actions, tant contre le débiteur dont la dette se trouvait acquittée, que contre ses coobligés. Et si le créancier refusait d'accorder au fidéjusseur cette équitable cession d'actions, le fidéjusseur le repoussait par l'exception *cedendarum actionum*, il pouvait se dispenser de payer. Dans notre ancien droit, ce bénéfice de cession d'actions fut admis et pratiqué, il engendrait ce que l'on appelait une subrogation, c'est-à-dire une opération distincte de la vente, et il conservait ainsi au fidéjusseur d'utiles recours contre le débiteur. Mais il fallait le demander, ce bénéfice, comme on demandait les bénéfices de discussion et de division, et si la caution payait sans rien réclamer, elle était victime de son oubli ou de sa négligence ; la dette était éteinte par le paiement, et toute subrogation dans les droits du créancier devenait impossible. Au XVIe siècle, Dumoulin s'étonnait de ce résultat, il prétendait que toute personne tenue avec d'autres ou pour d'autres, lorsqu'elle payait, payait avec l'espoir de subrogation, et que nul n'était censé renoncer à ses droits ; il soutenait que la formalité de la réquisition n'était pas nécessaire et que les lois romaines ne disaient rien de contraire, qu'elles avaient été mal interprétées ; en un mot, qu'il devait y avoir pour la caution qui payait une véritable subrogation légale. Cette opinion de Dumouliu, dit Pothier, (*Oblig.*, n° 280,) n'a pas prévalu, et la majorité des auteurs continua à enseigner, les tribunaux à décider que la subrogation devait être requise, pour que la caution pût exercer les droits du créancier.

Mais les rédacteurs du Code, s'emparant des idées et des motifs de Dumoulin, ont réalisé l'innovation qu'il avait vainement tentée et donné satisfaction à un vœu conforme à l'équité naturelle. Ils ont décidé que les personnes, au profit desquelles ils maintenaient ou établissaient le bénéfice de subrogation, en jouiraient sans avoir besoin de le demander, et qu'il leur serait acquis de plein droit par le seul fait du paiement qu'elles auraient effectué (Art. 1251-2029). Arrivons donc à cette seconde voie de recours, et voyons rapidement comment les choses vont se passer, si la caution invoque la subrogation, si elle prétend exercer les droits du créancier qu'elle a désintéressé ? Le principe de ce recours n'étant plus le même que celui du recours que nous avons déjà étudié, les conditions auxquelles il sera soumis, son objet, sa durée, ne seront plus les mêmes. Nous savons déjà que le bénéfice de subrogation est la seule voie de recours contre le débiteur pour la caution obligée dans l'intérêt du créancier, c'est du moins ce que nous avons décidé plus haut. En outre, lorsque la caution est intervenue malgré le débiteur principal, les mêmes auteurs, qui lui refusent le droit de recourir directement contre ce dernier, ne font aucune difficulté pour lui permettre d'agir comme subrogée aux droits du créancier. (Aubry et Rau, tome IV, § 427.) Le recours de l'article 2029 est donc plus large que celui de l'article 2028. L'article 2029 est en effet général et absolu dans ses termes, et il n'est du reste que l'application de la disposition plus générale encore de l'article 1251, qui assure dans tous les cas la subrogation au fidéjusseur. Il est toutefois indispensable pour cette subrogation que l'engagement soit au moins pris envers le créancier. L'article 1251, l'article 2011 impliquent que l'engagement est pris envers le créancier, et ils paraissent en faire une condition de la subrogation. La cour de Paris s'est prononcée en ce sens par un arrêt en date du 27 novembre 1841.

La caution subrogée exerce les droits du créancier, et comme lui elle peut exiger du débiteur la totalité de la dette. Le texte du projet primitif portait que la caution aurait les mêmes actions et le même privilège que le codébiteur solidaire. Mais le tribunat fit remarquer que cette rédaction n'exprimait point tout-à-fait la vérité, puisque la caution peut recourir pour le tout contre le débiteur, tandis que le débiteur solidaire ne peut demander à son coobligé que sa part. Sur cette observation, la rédaction du projet fut modifiée et devint notre article 2029. Il n'y a donc pas de doute possible, la caution pourra recourir pour tout ce qu'elle a *payé*, et ce mot, nous l'entendrons ici comme plus haut, à propos de l'action de mandat et de gestion d'affaires dans un sens large. Nous pensons même que si le créancier avait fait à la caution remise de la dette, s'il lui avait donné quittance sans avoir rien reçu, la subrogation n'en existerait pas moins, et que la caution pourrait exercer les actions du créancier ; en ce sens Troplong, (*du Cautionnement*, n° 375), et Pont, (*du cautionnement*, n° 270). Mais il pourrait arriver que le créancier eût entendu faire la remise du cautionnement tout seul et conserver ses droits contre le débiteur, dans ce cas il n'y aurait point de subrogation au profit du fidéjusseur, *nihil abesse videtur*. Si le créancier, par faveur pour le fidéjusseur, lui avait permis de rembourser avant l'époque fixée une rente productive d'arrérages très-élevés, nous croyons encore que celui-ci ne serait pas obligé de communiquer au débiteur le bénéfice de cette opération, et que le débiteur devrait subir purement et simplement la loi de son contrat et attendre l'époque primitivement fixée pour le remboursement.

La subrogation permet à la caution de se prévaloir des sûretés qui garantissent la dette sans distinguer entre celles existantes au moment de la dette et celles qui ont existé plus tard. L'article 2029, en effet, est très-général, il permet d'exercer d'une manière absolue et sans réserve les droits du créancier. C'est ainsi que la caution peut même exercer l'action en résolution qui appartenait au créancier, à la condition toutefois que cette action ne réfléchisse pas contre le créancier lui-même. Si, par exemple, elle s'était obligée pour un acheteur, elle pourrait certainement, après avoir payé le prix de vente, attaquer le débiteur et faire prononcer la résolution à son profit (*Amiens*, 9 *novembre* 1825). Dans le cas de contrat de bail, la caution qui a payé pour le preneur peut encore demander la résolution du contrat comme le bailleur aurait pu le faire lui-même s'il n'eût pas été payé (*Bourges*, 8 *juin* 1812). Mais il faudrait que le bailleur eût reçu le montant de tous les loyers échus ou à échoir, autrement il pourrait avoir intérêt à la continuation du bail, et la subrogation ne peut pas se retourner contre lui (Troplong, *du Cautionnement*, n° 367).

La caution peut donc demander tout ce que pourra demander le créancier, mais elle ne peut demander davantage en tant que subrogée à ses droits. Elle ne pourrait pas, à ce titre, répéter les frais de poursuite faits contre elle et les dommages-intérêts qui pourraient lui être dûs. Quelques auteurs ont prétendu le contraire, parmi eux, Zachariæ, tome III, § 427, et permis en conséquence à la caution d'invoquer les sûretés qui garantissaient la dette principale pour le paiement de ces mêmes frais et dommages-intérêts dus en vertu de l'article 2028. Mais nous rejetons cette manière de voir pour la raison que les deux actions qui appartiennent à la caution ne sauraient être confondues, que la subrogation n'a pas pour résultat d'appliquer à la créance de la caution les garanties qui étaient attachées à la créance principale ; qu'elle fait passer la créance même du créancier au fidéjusseur.

Le droit de la caution subrogée se mesure comme nous l'avons dit sur le droit du créancier, mais il ne peut pas être exercé concurremment avec le droit du créancier lorsque celui-ci n'a reçu qu'un paiement partiel. *Creditor non videtur cessisse contra se* (art. 1252). Ainsi le créancier désintéressé pour partie seulement, pourra faire valoir à l'exclusion de la caution, les privilèges et hypothèques qui garantissaient sa créance sans qu'il y ait à distinguer entre le cas où le fidéjusseur aurait cautionné la totalité de la dette et celui où il ne l'aurait cautionnée que pour partie. Si nous supposons qu'un tiers se soit obligé jusqu'à concurrence de cent pour un débiteur obligé pour deux cents ; dans le cas même où il aurait payé au créancier la somme pour laquelle il s'est porté répondant, il ne pourrait venir, dans l'ordre ouvert sur le prix de l'immeuble hypothéqué à la dette par le débiteur qu'après le créancier, et lorsque ce dernier aurait été complètement désintéressé. Mais ce droit résultant de l'article 1252 est déjà très-exhorbitant, il ne faut pas l'exagérer, aussi la cour de Cassation (27 novembre 1832,) a décidé qu'il ne s'appliquait pas à des créances autres que la portion restant due, résultant d'autres titres, conférant d'autres hypothèques. Si, par exemple, un débiteur avait successivement hypothéqué le même immeuble pour la sûreté de deux dettes différentes, le tiers qui aurait cautionné la première en date et l'aurait ensuite acquittée se trouverait dans une situation préférable à celle du créancier, celui-ci serait censé avoir cédé tous ses droits même contre lui-même.

Mais si la caution n'invoquait pas la subrogation, le créancier qui n'aurait aucun droit de préférence sur la somme à distribuer serait exposé à subir son concours. Toutefois cela n'arriverait qu'autant que la portion, que la caution aurait payée et pour laquelle elle se présenterait, serait égale au montant de l'obligation qu'elle aurait prise à sa charge. Si elle n'avait fait qu'un paiement partiel il ne serait pas juste qu'elle vînt restreindre le droit du créancier et reprendre d'une main ce qu'elle a donné de l'autre, le créancier la repousserait par la règle: *Quem de evictione tenet actio eumdem agentem repellit exceptio.* (*Rennes,* 22 *mai* 1858, *Cass.,* 1er *août,* 1860.) L'article 544 du Code de commerce va plus loin il accorde à la caution, qui a payé au créancier un à-compte avant la faillite, le droit d'être comprise dans la masse pour tout ce qui a été payé à la décharge du failli. La raison de cette disposition, c'est que le créancier qui a touché le dividende afférent à sa créance, qui a reçu tout ce qui lui revenait dans la masse, est censé payé. Il est payé en monnaie de faillite, et on ne peut pas dire dès lors que la caution qui vient à son tour réclamer un dividende, pour l'à-compte qu'elle a versé, exerce une subrogation ou un droit de concours au préjudice du créancier. Mais la règle générale reprendrait son empire après la faillite, et le créancier serait fondé à repousser la caution qui prétendrait concourir avec lui sur le prix du bien du débiteur et demanderait un dividende proportionnel à l'à-compte qu'elle aurait déjà payé.

Si le paiement partiel avait été fait par un tiers il n'y aurait pas lieu de distinguer entre le cas où il aurait été fait avant, et celui où il n'aurait été fait que depuis le jugement déclaratif de faillite. Ce tiers n'étant pas tenu envers le créancier à la garantie du paiement, on ne saurait lui opposer qu'il ne peut rien prétendre dans la masse au détriment de ce créancier. Il en serait de même si un tiers n'ayant cautionné qu'une partie de la dette avait intégralement payé cette partie. On ne pourrait pas, en effet, lui opposer d'exception résultant de sa qualité de caution, puisqu'il n'aurait pas garanti le paiement de ce qui resterait dû au créancier. Ces observations nous montrent qu'il peut être dangereux pour le créancier de recevoir un paiement partiel, qu'il s'expose en cas de faillite à se trouver en concurrence avec la caution dont il a reçu un à-compte, laquelle lui reprendrait ainsi une portion de ce qu'elle lui aurait donné. Sans doute cette caution reste obligée pour tout ce que le créancier n'aurait pas pu recouvrer contre le débiteur, et le créancier pourrait même saisir-arrêter la somme qui lui aurait été attribuée dans la contribution, mais il n'a aucun droit de préférence sur cette somme, et en cas d'insolvabilité il devrait subir le concours des autres créanciers de la caution.

Nous avons toujours supposé jusqu'ici que la caution se trouvait en face d'un seul débiteur, mais elle pourrait avoir cautionné tous les débiteurs d'une même dette. Examinons rapidement cette hypothèse. Si ces débiteurs sont simplement conjoints; si, par conséquent, ils ne sont tenus de la dette que, chacun pour leur part et portion, la caution n'acquiert par la subrogation que le droit du créancier tel que celui-ci l'avait, elle ne peut donc recourir contre chacun d'eux que pour leur part et portion. Si les débiteurs sont obligés solidairement, la caution qui les a tous cautionnés, a contre chacun d'eux, dit l'article 2030 un recours pour le tout. Ce résultat est très-équitable. La caution, en effet, s'était obligée pour le tout et dans l'intérêt de chacun des codébiteurs, il est donc juste qu'elle puisse recourir pour le tout, quand elle a payé, contre celui des débiteurs qu'il lui plaît de choisir. Ce droit appartenait au créancier qu'elle a désintéressé auquel elle se trouve subrogée, pourquoi ne pourrait-elle pas l'exercer ? Cette disposition de l'article 2030 est, du reste, l'application au cautionnement des principes de l'article 2002 aux termes duquel les mandants qui ont constitué un mandataire pour une affaire commune sont tenus solidairement avec lui de tous les effets du mandat.

Des cas où la caution peut agir contre le débiteur même avant d'avoir payé.

C'est seulement lorsqu'elle a payé que la caution peut user contre le débiteur des voies de recours que nous venons d'étudier, mais il peut arriver que dans certaines circonstances la caution qui n'a encore rien déboursé souffre un préjudice dont l'équité permet de demander la cessation; elle pourra alors agir conformément à l'article 2032. Cet article énumère cinq cas remarquables que les lois romaines et l'ancienne jurisprudence avaient mis en lumière et où le fidéjusseur est investi de ce droit.

1° *Lorsqu'elle est poursuivie en justice pour le paiement.* Aux termes de la loi 10 au Code *mandati vel contra*, à laquelle notre Code a emprunté ce premier cas, c'était seulement lorsque la caution avait été condamnée, qu'elle pouvait agir, tandis que d'après l'article 2032, d'accord en cela avec notre ancienne jurisprudence (Pothier, *Obligat.*, n° 441), le recours anticipé est ouvert à la caution dès qu'elle est poursuivie. Dès ce moment, en effet, elle souffre les ennuis d'un procès, elle peut craindre qu'une condamnation soit prononcée et exécutée contre elle, il est donc juste qu'elle puisse se mettre en garde dès maintenant et recourir contre le débiteur.

Il faut convenir toutefois que ce recours n'aura pas une bien grande utilité. Le créancier, en effet, dont l'attaque aura précédé celle de la caution, continuera ses poursuites contre cette dernière, de sorte que son action aboutira la première, et la caution n'aura pas réussi à éviter un jugement de condamnation. De plus, ce premier cas de notre article fera presque toujours double emploi avec le quatrième celui où la dette est devenu exigible. Il faut supposer pour qu'il en soit autrement qu'il s'agisse d'une obligation continue comme celle qui résulterait d'un bail par exemple. Alors le premier paragraphe de l'article 2032 pourrait recevoir une application.

Mais la caution fera mieux de le laisser de côté; elle aura toujours des moyens plus efficaces et plus rapides d'arrêter les poursuites dont elle serait l'objet. Elle pourrait d'abord demander la discussion du débiteur principal, et si elle n'était pas dans une situation à invoquer ce bénéfice, elle opposerait l'exception de garantie par laquelle elle arrêterait l'action du créancier jusqu'à ce que le débiteur soit partie dans l'instance et mis en demeure de satisfaire à son obligation.

2° *Lorsque le débiteur a fait faillite ou est en déconfiture.* Nous voyons dans la loi 10 au Code *mandati vel contra* que les empereurs Dioclétien et Maximilien permettent à la caution d'agir, non-seulement lorsque le débiteur est en déconfiture, mais lorsqu'il commence à dissiper ses biens, de façon à rendre son insolvabilité imminente. Des auteurs ont proposé d'interpréter de la même façon le 3° de notre article 2032 et d'admettre la décision des empereurs romains. (Troplong, *du Cautionnement*, 395). Mais notre article est formel, nous ne pouvons pas lui donner une extension que l'équité réclamerait peut-être, mais que ses termes repoussent. Il faut supposer pour comprendre le recours de la caution dans l'hypothèse que nous étudions que le créancier ne se présente pas à la faillite où à la déconfiture. On est généralement d'accord sur ce point, les créances du créancier et de la caution ne forment qu'une seule et même créance à l'égard du débiteur, elles ne peuvent donc pas figurer deux fois au passif de ce dernier. *Non bis in idem*. Mais si le créancier confiant dans la solvabilité de la caution ne se présente pas à la faillite, s'il aime mieux attendre et s'adresser à la caution, il est juste de permettre à celle-ci de venir à la faillite pour y prendre un dividende correspondant à la dette qu'elle sera obligée de payer plus tard. Cependant, comme la créance de la caution n'est pas seulement une créance à terme, qu'elle n'est en quelque sorte qu'éventuelle, il peut paraître exorbitant, tout d'abord d'attribuer à la caution sur l'actif du débiteur une part proportionnelle. Aussi le tribunal de Grenoble (3 août 1853) avait-il refusé de la colloquer actuellement dans un ordre ouvert sur le prix de vente des biens de l'obligé principal. Mais c'est là une décision isolée qui n'est pas suivie par les auteurs et qui se trouve en contradiction manifeste avec le texte de la loi.

C'est en vertu d'un droit propre que la caution se présentera à la faillite ou à la déconfiture, c'est-à-dire qu'elle pourra garder la somme qu'elle aura reçue à moins pourtant que la dette ne soit exigible, mais le créancier ne pourrait la priver du bénéfice du terme. Il ne pourrait s'adresser à elle en se fondant sur une sorte de subrogation anticipée à ses droits, car notre droit ne reconnaît pas de subrogation de ce genre, le paiement étant la condition nécessaire de toute subrogation. De plus, les auteurs sont d'accord sur ce point que les dispositions de l'article 2032 sont fondées toutes sur une idée de mandat, nullement sur l'idée de subrogation.

3° *Lorsque le débiteur s'est obligé à lui rapporter sa décharge dans un certain temps.*

En ce cas, dit Pothier, (*Obligat.* 441,) après le temps expiré, la caution peut agir contre le débiteur principal pour qu'il lui rapporte sa décharge ou deniers à suffire pour payer le créancier. En droit romain il fallait que la promesse du débiteur fut concomittante au contrat de mandat, autrement elle ne produisait qu'un pacte dépourvu d'action. Mais notre droit n'admet plus ces subtilités et à quelque époque que le débiteur se soit engagé il pourra être contraint d'accomplir son obligation. La convention aujourd'hui fait la loi des parties.

On discutait dans l'ancien droit sur le point de savoir si le débiteur d'une rente constituée pouvait être contraint au rachat lorsqu'il s'était obligé envers la caution à lui rapporter sa décharge dans un temps donné. Les partisans de la négative disaient : Il est de l'essence de la rente constituée que le débiteur ne puisse être contraint au rachat. Si la convention faite entre le débiteur et la caution est valable c'est une porte ouverte à la fraude, c'est un moyen pour le créancier, grâce à l'intervention d'une caution à lui dévouée, d'arriver indirectement à un remboursement qu'il ne pourrait exiger directement, et de se faire ainsi des rentes sans aliéner son fonds et principal. Pothier avait déjà répondu à toutes ces raisons (*Obligations*, n° 443,) à une époque où le prêt à intérêt était défendu ; c'est dire que la controverse ne saurait s'élever aujourd'hui qu'aux termes de l'article 1905, le prêt à intérêt est permis et que la caution dans notre hypothèse peut incontestablement obliger le débiteur à lui rapporter sa décharge, à racheter la rente dont il est tenu.

4° *Lorsque la dette est devenue exigible par l'échéance du terme sous lequel elle avait été contractée.*

Dans ce cas la tranquillité de la caution est constamment menacée elle a compté que son obligation durerait jusqu'à l'échéance de la dette, elle peut ne pas vouloir rester plus longtemps dans l'incertitude et exiger sa libération. Lors même que le créancier aurait accordé un délai au débiteur le recours de la caution ne serait pas pour cela paralysé ; il n'appartient à personne de prolonger son engagement.

5° *Au bout de dix années, lorsque l'obligation n'a pas de terme fixe d'échéance, à moins que l'obligation principale, telle qu'une tutelle, ne soit pas de nature à pouvoir être éteinte avant un temps déterminé.*

En droit romain et dans notre ancien droit, la caution pouvait demander sa décharge lorsque l'engagement du débiteur durait depuis longtemps. *Si diu reus in solutione cessavit.* Mais c'était une question très-controversée, autrefois, que celle de savoir quel était cet espace de temps après lequel la caution pourrait recourir contre le débiteur pour se faire affranchir du cautionnement. Des auteurs disaient deux ans, d'autres dix depuis la date du cautionnement. Pothier, (*Obligat.,*) n° 441, disait qu'on ne pouvait rien définir à cet égard, que cela était laissé à l'arbitrage du juge. Notre Code a fait cesser ces incertitudes, la question est aujourd'hui résolue, et le délai fixé à dix ans ne laisse rien à l'appréciation des tribunaux.

Toutefois il faut que pour la caution puisse agir que la dette n'ait pas de terme fixe d'échéance et ne soit pas de nature à s'éteindre à une époque déterminée. La caution qui aurait garanti le service d'une rente aurait le droit au bout de dix ans d'exiger du débiteur principal qu'il lui procure sa décharge. Notre ancienne jurisprudence était déjà fixée en ce sens (Pothier, *Obligat.*, n° 443). Si au contraire, il s'agit d'une tutelle, d'un usufruit, de la restitution de la *dot de la femme* (Pothier, *Obligat.*, n° 442), malgré l'incertitude du terme, la caution ne peut demander sa libération avant la cessation de la tutelle, de l'usufruit, la dissolution du mariage.

L'énumération faite par la loi est limitative, c'est l'opinion de tous les auteurs et l'article 2032 est une disposition exceptionnelle ; il ne devra pas recevoir d'extension quant aux cas qu'il prévoit.

Mais déciderons-nous que son application doit être limitée au cas de cautionnement proprement dit ? Si par exemple une personne avait hypothéqué un de ses immeubles à la dette d'autrui, serait-elle recevable à demander sa libération après dix ans dans les cas où cela est permis à la caution. Nous avons en ce sens un arrêt de la cour de Bruxelles en date du 2 avril 1819, et cette décision est approuvée par un assez grand nombre d'auteurs (Troplong, *du Cautionnement*, n° 416. Voir aussi *la Loi* 38, *D.*, *mandati*). Les raisons de décider sont en effet les mêmes, le juge doit venir au secours de celui qui, de quelque manière que ce soit s'est obligé pour autrui. A défaut de texte qui lie, le droit, c'est l'équité, (Ponsot, *Cautionnement*, n° 16).

En ce qui concerne la nature du recours de la caution, nous dirons qu'elle ne peut pas procéder par voie parée et saisir les biens du débiteur. (*Bordeaux*, 22 *février* 1832.) Elle doit simplement intenter une action pour obtenir sa décharge, et si elle ne l'obtient pas, pour se faire indemniser du préjudice qui lui est causé par la prolongation de son engagement.

Ce qui nous montre que l'expression action en indemnité, dont se sert la loi après Pothier, *des Obligat.*, n° 441, ne mérite pas les critiques dont elle a été l'objet de la part d'un certain nombre d'auteurs, notamment de M. Troplong, *du Cautionnement*, n° 391, puisque le but final de ce recours anticipé de la caution c'est d'arriver à une indemnité. Sur le montant, la nature de cette indemnité, les juges ont un pouvoir d'appréciation souverain, ils décideront suivant les cas que la caution recevra les fonds nécessaires ou qu'elle se contentera d'un gage, d'une hypothèque, etc. Et l'autorité que nous leur accordons sur ce point nous permet de résoudre une question, autrefois déjà très-controversée, celle de savoir si la caution qui a vainement réclamé sa décharge, peut payer le créancier sans attendre la décision des juges et agir contre le débiteur. Spécialement on s'est demandé si la caution qui a remboursé au créancier une rente constituée après les dix ans de notre article, pourrait agir en répétition contre le débiteur. Pothier se prononçait pour l'affirmative, il faisait cependant cette restriction que la répétition ne devait pas s'exercer avec rigueur et que les juges devaient se montrer faciles pour accorder un terme au débiteur, et lui permettre de trouver de l'argent (*Obligat.*, n° 444). Nous pensons que la question doit se décider en fait et que les juges auront à apprécier si le remboursement était dans l'intérêt du débiteur le meilleur parti à prendre, si une autre combinaison était préférable. Si par, exemple, le débiteur prouvait qu'il avait un autre moyen de décharger, le fidéjusseur, qu'il avait à sa disposition une autre caution que le créancier aurait acceptée, alors le fidéjusseur manquera de l'action *mandati contraria*, il n'aura pas fait l'affaire du débiteur, il n'aura pas agi dans ses intérêts, il devra se contenter du bénéfiee de subrogation et de la continuation de la rente.

Ont droit au bénéfice de l'article 2032 les cautions qui se sont obligées d'après une convention de mandat lors même qu'elles se seraient fait payer le service qu'elles auraient rendu et aussi celles qui se sont obligées au su ou à l'insu du débiteur dans l'intérêt de ce dernier. Mais nous le refusons formellement à celles qui se sont engagées malgré le débiteur ou dans l'intérêt du créancier.

Ce recours appartiendrait encore à la caution solidaire qui n'a certainement pas entendu en s'obligeant plus strictement envers le créancier renoncer à sa qualité de caution envers le débiteur. Nous l'accorderions aussi à la femme mariée qui se serait obligée solidairement avec son mari, conformément à l'article 1431 (*Cassat.*, 2 *janvier* 1838) ; au débiteur solidaire qui se serait obligé dans l'intérêt de son codébiteur solidaire.

Des rapports entre cofidéjusseurs.

Lorsque plusieurs personnes ont cautionné le même

débiteur, elles sont obligées chacune à toute la dette, si donc l'une d'elles malgré les bénéfices de la loi, malgré les facilités qu'elle a de recourir contre le débiteur se trouve supporter seule toute la dette ou une fraction supérieure à sa part, il est équitable qu'elle puisse recourir contre ses cofidéjusseurs. Ce point a eté réglé par l'article 2033. En droit romain, comme nous l'avons vu, une société existait de plein droit entre les *fidepromissores* et les *sponsores*, ils avaient une action *pro socio* pour se faire rendre par chacun ce qu'ils avaient déboursé pour lui. Mais les choses ne se passaient pas ainsi entre les *fidejussores*. Celui d'entre eux qui payait sans s'être fait céder les actions du créancier ne pouvait pas recourir contre les autres. Ce résultat, rigoureux à la vérité, s'accordait avec les principes : le *fidejussor* en payant faisait l'affaire du débiteur et en aucune façon celle des cautions.

Cependant, disait Pothier, ce fidéjusseur qui a payé la dette entière a en réalité, *effectu inspecto*, géré l'affaire de ses cofidéjusseurs en même temps qu'il faisait la sienne, et l'équité exige qu'ils portent leur part de ce paiement dont ils ont profité autant que lui (*Obligat.*, n° 445). Aussi notre ancien droit qui n'admettait pas la subrogation de plein droit admettait cependant dans cette circonstance par un tempérament d'équité que la caution pouvait sans s'être fait subroger, répéter une part de chacun de ses cofidéjusseurs. La coutume de Bretagne le disait expressément dans son nouvel article 294, *Pothier, loc. cit.* Cette idée de gestion d'affaires, déjà admise par Pothier, par notre ancienne jurisprudence, reste vraie aujourd'hui; d'un autre côté nous trouvons dans l'article 2029 qui subroge la caution dans les droits du créancier le principe d'un recours de la caution contre ses cofidéjusseurs. Nous en concluons que notre article 2033 institue deux actions distinctes qu'il réunit dans une même disposition, l'une provenant de la subrogation et du chef du créancier qu'elle a désintéressé, l'autre provenant du chef du fidéjusseur lui-même. — Cette observation nous servira pour la solution des questions que nous allons avoir à résoudre dans cette section.

Pour que le recours soit ouvert, il faut que la caution ait payé, et notre Code tranche ainsi une question controversée dans l'ancien droit, celle de savoir si la caution pouvait avoir recours contre ses cofidéjusseurs avant d'avoir payé lorsqu'elle était poursuivie (*Pothier, des Obligat.*, n° 445.) L'article 2033 est formel, il faut que la caution ait acquitté la dette. Il ne suffit même pas qu'elle ait payé sa part, c'est-à-dire la somme divisée par le nombre des cautions, il faut qu'elle ait payé plus que cette part et qu'elle n'ait pas payé en dehors des cas prévus par l'article 2032. La caution, 1° si elle était poursuivie en justice pour le paiement, 2° si le débiteur principal se trouvait en faillite ou en déconfiture, pourrait effectuer le paiement et se retourner aussitôt contre ses cofidéjusseurs. Il en serait de même si elle payait 3° après l'expiration du temps pour lequel elle avait entendu s'engager, 4° après l'échéance de la dette si elle a un terme, 5° après le délai de dix ans si la dette est sans terme. Mais il est nécessaire dans ces trois derniers cas que le paiement soit confirmé par le juge, la caution ne peut exercer de recours contre les cofidéjusseurs qu'autant qu'elle pourrait en exercer un contre le débiteur lui-même. Des auteurs ont même proposé de n'accorder aucun recours à la caution dans les troisième et cinquième des cinq cas prévus par l'article 2032 dans lesquels, disent-ils, la caution agit simplement contre le débiteur pour obtenir sa décharge ; mais la discussion à laquelle a donné lieu l'article 2033 et ses termes formels excluent toute distinction.

La caution qui paierait en dehors des cas spécifiés ne pourrait pas invoquer la subrogation légale, *Aubry* et *Rau,* tome IV, § 428, mais elle pourrait se faire subroger conventionnellement, et cette subrogation produirait à l'échéance de la dette les mêmes effets que la subrogation légale. Toutes les cautions d'un même débiteur, pour la même dette, sans distinction, devront subir le recours ; et cela quelle que soit la date de leur engagement. La caution qui s'est obligée la dernière prétendrait inutilement qu'elle a cautionné dans l'espoir que le poids de la dette ne retomberait sur elle qu'autant que les cautions antérieures seraient insolvables. C'est que le recours du cofidéjusseur ne provient pas plus sous le Code civil que sous l'ancien droit français d'une société présumée entre les cofidéjusseurs. Il dérive du paiement seul qui a libéré les autres fidéjusseurs d'une dette qui aurait pu venir s'appesantir sur eux.

Mais le droit de la caution contre ses cofidéjusseurs n'est pas aussi étendu que celui du créancier, il est, aux termes de l'article 2033, limité à la part et portion de chacun des cofidéjusseurs à moins qu'il y en ait d'insolvables parmi eux, auquel cas la perte se répartirait entre tous. Une application rigoureuse des principes de la subrogation aurait conduit à un autre résultat et permis à la caution d'exiger le tout, moins la part qu'elle aurait eu à supporter en définitive, mais l'article 2033 n'est pas seulement fondé sur une idée de subrogation, il est aussi fondé sur une idée de gestion d'affaires, comme nous l'avons déjà fait remarquer. Ici, du reste, comme en matière de solidarité, art. 1214, la loi a voulu éviter un circuit d'actions, et si telle est sa pensée, nous déciderons que la subrogation conventionnelle ne donnerait pas un recours plus étendu que celui que nous venons d'étudier et ne produirait pas d'autres effets que la subrogation légale.

Des rapports entre la caution et les tiers qui ont donné leur chose en nantissement ou qui l'ont hypothéquée pour la sûreté de la dette.

La caution qui a payé la dette est subrogée légalement en vertu de l'article 1251-3° dans les droits d'hypothèque et de nantissement consentis au créancier par un tiers. De même le tiers s'il a payé la dette est subrogé dans les droits du créancier contre la caution, car, conformément à ce qui est écrit dans les articles 2167 et 2168, ce tiers est tenu, seulement il ne l'est pas sur tous ses biens. Or étant tenu pour le débiteur principal, il a droit aussi bien que la caution à la subrogation légale. *Aubry* et *Rau*, tome IV, § 321, note 61.

Des auteurs en ont conclu que les rapports entre la caution et le tiers dont nous parlons devaient se régler comme les rapports entre cofidéjusseurs; que ce tiers devait être assimilé à une caution, qu'il devait subir le recours de la caution qui avait payé ou pour moitié, ou tout au moins jusqu'à concurrence de la valeur de l'immeuble hypothéqué ; et qu'il pouvait à son tour, lorsqu'il avait payé, exercer ce recours contre la caution, ou pour moitié ou pour tout ce dont la dette excéderait la valeur de l'immeuble hypothéqué, s'il n'avait pas entendu s'obliger au-delà de cette valeur. En un mot, dans ce système la perte résultant de l'insolvabilité du débiteur doit se répartir entre la caution et le tiers eu égard au profit que chacun a retiré du paiement. Mourlon, tome III, n° 1459.

M. Troplong, *du Cautionnement*, n° 427, repousse cette interprétation. C'est en vain, dit-il, que la caution se prétendrait subrogée contre le tiers qui a hypothéqué sa chose. L'obligé personnel est engagé plus étroitement que l'obligé réel, lequel n'est tenu que *re tantum* à défaut d'obligé personnel. C'est l'obligé réel que la loi préfère, c'est lui qu'elle subroge dans les droits du créancier contre la caution lorsqu'il vient à payer (article 2178). A son égard, la caution est un obligé principal qui ne peut jamais rien contre lui ; lorsqu'elle a payé, elle a acquitté sa dette et la chose s'est trouvée libérée.

Nous pensons, nous, qu'on ne peut sortir de cette difficulté qu'au moyen d'une distinction. Si l'immeuble était déjà hypothéqué à la dette lors de l'engagement de la caution, on peut dire raisonnablement que celle-ci ne s'est obligée qu'à cause de cette sûreté et qu'elle ne saurait être privée d'un droit sur lequel elle a compté. Si, au contraire, le tiers a hypothéqué son immeuble postérieurement à l'engagement de la caution le raisonnement que nous venons de faire se retourne contre la caution et nous devons décider que c'est alors le tiers qui peut recourir. Enfin, si les deux sûretés ont été données à la même date, c'est encore au tiers qui a hypothéqué sa chose que nous donnerions la préférence contre la caution. Celle-ci, en effet, comme le dit M. Troplong, *loc. cit.*, est obligée personnellement, elle est, en pur droit, plus strictement tenue que le tiers engagé réellement et seulement à raison de l'immeuble, voilà pourquoi nous ne lui permettons pas d'invoquer la subrogation contre lui.

Des rapports du fidéjusseur avec les tiers détenteurs d'immeubles hypothéqués à la dette.

Dans cette hypothèse comme dans la précédente, M. Troplong, (*du Cautionnement*), n° 428 et 429, se montre favorable sans réserve au tiers détenteur. Ce dernier, dit-il, peut aux termes de l'article 2170 demander la discussion des *débiteurs principaux*, des *cautions*, par conséquent, qui possèdent des immeubles hypothéqués à la dette. Comment la loi qui donne ainsi la préférence au tiers détenteur sur la caution l'obligerait-elle ensuite à entrer en contribution avec elle, à prendre sa part de la perte résultant de l'insolvabilité du débiteur.

Et à l'appui de cette thèse que l'expression *principaux obligés* comprend la caution, M. Troplong invoque le droit romain, la novelle IV et l'opinion de Pothier qui, au numéro 412 de son *Traité des obligations* accorde, en effet, au tiers détenteur le droit de renvoyer à la discussion du débiteur principal et de ses cautions le créancier qui donnerait contre lui l'action hypothécaire.

Mais Pothier lui-même *Oblig.*, n° 557, *in fine*, accordait aux fidéjusseurs le droit de veiller à la conservation des immeubles qui se trouvaient entre les mains des tiers détenteurs en sommant le créancier d'interrupter les tiers acquéreurs ou de s'opposer au décret; et cette décision se concilie difficilement avec celle qui autorise les tiers acquéreurs, poursuivis hypothécairement par le créancier, à renvoyer ce créancier à la discussion préalable des biens des cautions.

Non, il n'est pas vrai que la caution soit comprise au nombre des personnes que l'article 2170 appelle principaux obligés. Une pareille interprétation,disent MM. Aubry et Rau, (tome III, § 287, note 20,) répugne au sens naturel et ordinaire de ces expressions. La caution n'est pas plus que le tiers détenteur un obligé principal, puisqu'elle ne doit pas pour elle-même et qu'elle n'est tenue qu'accessoirement de la dette d'autrui. Disons enfin que l'équité résiste à la solution de M. Troplong. L'article 2037, en effet, suppose que la caution ne s'est obligée qu'en vue des hypothèques. Si donc le débiteur vient à aliéner l'immeuble qu'il a hypothéqué, cela ne saurait empirer au fond, au point de vue du recours définitif, la situation de la caution. Et quant au tiers qui a acheté un immeuble frappé d'hypothèque, il n'a pas à se plaindre si cet immeuble reste entre ses mains grevé de la qualité mauvaise qu'il avait en entrant dans son patrimoine. La loi lui permet, à la vérité, de renvoyer le créancier à la discussion des immeubles hypothéqués à la dette qui se trouvent encore en la possession des principaux obligés; mais c'est tout ce qu'elle lui accorde, et parce qu'elle le préfère au débiteur principal, elle ne le préfère pas pour cela à la caution. Du reste, ce tiers détenteur pouvait purger. S'il a négligé ce moyen, s'il est forcé de payer au-delà du prix d'acquisition, ou même de payer une seconde fois, il ne doit s'en prendre qu'à lui-même et l'on ne comprendrait pas qu'il pût recourir contre la caution et lui faire supporter la peine de sa négligence. Enfin, dans le système de M. Troplong, il faudrait aller jusqu'à dire que le donataire lui-même pourrait se prévaloir de la subrogation et recourir contre la caution, mais la loi n'a pas pu consacrer une pareille injustice. Il pourrait cependant arriver que le tiers détenteur eût un recours à exercer contre la caution, cela se présenterait dans le cas, par exemple, où la dette qu'il aurait acquittée se trouverait être supérieure à la valeur de l'immeuble hypothéqué.

Des rapports de la caution avec les codébiteurs solidaires du débiteur qu'elle a cautionné et avec leurs cautions.

La caution qui a cautionné plusieurs débiteurs solidaires a contre chacun d'eux le recours pour la répétition du total de ce qu'elle a payé (art. 2030); mais lorsqu'elle n'a cautionné qu'un seul des débiteurs solidaires, peut-elle aussi recourir pour le tout contre les autres? Les auteurs décident généralement que non. La loi, en effet, accorde seulement à la caution qui a cautionné tous les débiteurs solidaires le droit de demander toute la somme à chacun d'eux, c'est donc qu'elle ne l'accorde pas à celle qui n'en a cautionné qu'un seul. La caution ne serait d'abord pas fondée à exercer un recours pour le tout, en prétendant qu'elle a fait l'affaire des débiteurs solidaires. Ce n'est pas comme *negotiorum gestor* des débiteurs non cautionnés qu'elle a payé, mais uniquement comme fidéjusseur du débiteur solidaire pour lequel elle avait répondu. Et les rédacteurs du Code ont pensé que ce paiement ne devait pas avoir d'autre effet que le paiement fait par le débiteur solidaire lui-même. Voilà pourquoi ils n'ont pas accordé à la caution d'autres recours que le recours limité et partiel qui, aux termes de l'article 1214, appartient au débiteur solidaire contre ses codébiteurs.

Si la caution invoquait une subrogation légale plus étendue, elle s'embarrasserait immédiatement dans un circuit d'actions, le débiteur solidaire auquel elle demanderait le tout la repousserait en lui opposant qu'il pourrait à son tour revenir contre elle et l'attaquer comme le créancier lui-même aurait pu le faire dans le principe par les actions auxquelles il se trouverait subrogé.

La subrogation conventionnelle ne produirait pas d'autres effets que la subrogation légale. Des auteurs, et parmi eux Duranton, tome XVIII, ont prétendu le contraire à la vérité, disant que l'on ne saurait dénier à la caution un recours solidaire que l'on est obligé d'accorder au tiers qui, ayant payé la dette d'autrui, s'est fait subroger conventionnellement. Mais ce tiers, comme le fait remarquer M. Troplong, (*du Cautionnement*, n° 378,) est dans une toute autre situation que celle dans laquelle se trouve la caution. Il n'a point contracté d'obligation, tandis que la caution en a contracté une qui pourrait lui être opposée par celui des débiteurs solidaires qui serait subrogé au créancier ; de sorte que la qualité de caution dans notre hypothèse, au lieu d'être une cause de faveur, se retourne contre celui qui l'invoque et devient une exception contre lui. D'ailleurs, la subrogation émanée de la simple volonté de l'homme ne saurait avoir plus de puissance que la subrogation qui découle de la puissance de la loi.

Nous en aurions fini sur ce point si nous n'avions pas à réfuter une opinion émise par un de nos anciens, M. Baret, dans sa thèse de doctorat, page 52, d'après laquelle la caution est considérée comme cofidéjusseur avec les co-débiteurs qu'elle a cautionnés ; ce qui lui permet d'exercer un recours plus étendu que celui que nous lui avons accordé plus haut.

Aux termes de l'article 1216, dit M. Baret, qui cherche à placer son système sous la protection de la loi : « Si « l'affaire pour laquelle la dette a été contractée solidai- « rement ne concernait que l'un des coobligés solidaires, « celui-ci serait tenu de toute la dette vis-à-vis des autres « codébiteurs qui ne seraient considérés par rapport à lui « que comme ses cautions. »

Si donc, dit M. Baret, on suppose que Primus et Secundus ont contracté une obligation solidaire de 1000 les concernant également, chacun d'eux doit la moitié, soit 500 comme obligé principal et les autres 500 comme fidéjusseurs de son coobligé solidaire. De sorte que si Primus a fourni une caution, Secundus sera cofidéjusseur avec elle pour les 500 qui excèderont sa part contributoire. Il en résultera que si la caution de Primus vient à acquitter la dette, elle pourra réclamer à Secundus les 500 qu'il doit pour sa part de la dette, et de plus, elle pourra lui demander 250 comme elle pourrait les demander à son cofidéjusseur en vertu de l'article 2033. Et la caution qui n'aurait cautionné qu'un seul des débiteurs solidaires obligés pour 1000, pourrait ainsi recourir pour 750, dans l'hypothèse que nous avons présentée, contre le codébiteur solidaire du débiteur qu'elle aurait cautionné.

Nous rejetons cette solution comme contraire au texte de la loi ; l'article 1216, quoi qu'en dise M. Baret, ne consacre pas le résultat qu'il indique. Cet article porte que l'obligé solidaire est considéré comme caution *par rapport à son coobligé* pour tout ce qui excède l'intérêt qu'il a dans la dette ; mais il ne dit pas autre chose, et nous avons bien le droit de dire que c'est uniquement à l'égard de son coobligé solidaire que l'obligé solidaire peut être considéré comme caution, et qu'à l'égard de toute autre personne, à l'égard des cautions comme du créancier, le coobligé conserve purement et simplement la qualité qu'il a prise. Nous croyons donc, toujours dans la même hypothèse que plus haut, que la caution de Primus, qui a payé la dette, ne pourrait rien répéter de Secundus au delà des 500 qui forment la moitié de la dette à sa charge. Si la dette avait été contractée exclusivement dans l'intérêt de Secundus, Primus et sa caution ne sauraient évidemment être regardés comme cofidéjusseurs de Secundus. Primus et sa caution ne forment, en quelque sorte qu'une seule tête, au point de vue des rapports qui doivent exister entre eux et Secundus. Ils n'ont pas plus de droits l'un que l'autre contre lui; et Secundus peut, de son côté, exercer contre la caution de Primus le même recours qu'il exercerait contre Primus lui-même; nous en dirions autant de la caution de Secundus, et réciproquement.

Si nous supposons, par exemple, que Primus et Secundus ont tous les deux fourni une caution, la caution de l'un pourra exercer contre la caution de l'autre le même recours que nous lui accordons contre le codébiteur solidaire du débiteur qu'elle a cautionné. Mais les cautions de Primus et Secundus n'étant pas les cautions d'un même débiteur, nous dirons en passant qu'elles ne peuvent demander la division entre elles, ce bénéfice dans l'espèce ne leur appartiendrait pas.

Nous avons encore à nous expliquer sur un point que nous avons laissé de côté autrefois : celui de savoir si la caution peut opposer la discussion du codébiteur solidaire du débiteur qu'elle a cautionné. Pothier, (*Traité des Obligations*, n° 412,) dit que celui qui s'est rendu caution pour l'un d'entre plusieurs débiteurs solidaires est, en quelque sorte, caution des autres; l'obligation de tous ces débiteurs n'étant qu'une même obligation; il en conclut que la caution est bien fondée à demander la discussion non-seulement du débiteur qu'elle a cautionné, mais même celle des débiteurs principaux. M. Troplong, (du *Cautionnement*, n° 270,) se rallie à l'opinion de Pothier et il en adopte les motifs. Nous croyons cependant que les idées de Pothier n'ont point été admises par les rédacteurs du Code. Il ne s'en explique pas, en effet, et rien ne nous autorise à étendre le bénéfice de discussion en dehors des cas prévus par la loi. De plus, l'article 2030 n'accorde pas de recours à la caution contre le débiteur solidaire qu'elle n'a pas cautionné, et cela ne se comprendrait pas dans le système de Pothier où la caution de l'un des débiteurs solidaires est également caution des autres ; nous avons même admis précédemment que le codébiteur solidaire s'il était forcé de payer se trouverait subrogé contre la caution; celle-ci ne peut donc pas renvoyer le créancier à les discuter.

POSITIONS

Droit Romain.

I. La loi 25, D., *de fidejussoribus*, a été corrigée par les commissaires de Justinien, dans la pensée d'Ulpien, elle s'appliquait seulement aux sponsores et aux fidepromissores.

II. L'obligation du fidéjusseur, qui excède l'obligation principale est radicalement nulle.

III. Le fidéjusseur ne peut pas s'obliger à payer dans un terme plus court que celui qui appartient au débiteur principal.

IV. La loi 24, D., *de pignerat. actione* d'Ulpien est conçue dans la doctrine Proculienne et la loi 46, D., *de Solutionibus* de Marcien est conçue dans la doctrine Sabinienne.

V. La loi 3, au Code, *de in integrum restitutione*, déclare le mineur de vingt-cinq ans pourvu d'un curateur incapable de s'obliger.

VI. Le bénéfice de division doit être demandé avant la *litis contestatio*.

Droit civil.

I. Le cautionnement n'est pas une donation.

II. La caution peut opposer la prescription accomplie malgré le débiteur principal.

III. La violence, le dol constituent des exceptions réelles que la caution peut invoquer malgré la ratification du débiteur principal.

IV. La dation en paiement d'un immeuble libère la caution lors même que le créancier aurait été évincé par suite de la faillite du débiteur principal.

V. Les sûretés dont la perte entraîne l'application de l'article 2037 sont celles qui existaient au moment du contrat.

VI. La caution solidaire peut invoquer le bénéfice de l'article 2037.

VII. La caution ne peut demander la discussion des biens du codébiteur solidaire du débiteur qu'elle a cautionné.

VIII. Les cautions qui ont cautionné un même débiteur et la même dette ne sont pas obligées solidairement.

IX. La caution ne peut pas demander la division entre elle et les cautions des débiteurs solidaires qu'elle n'a pas cautionnés.

X. Les effets du jugement de division se produisent du jour où il a été rendu.

XI. La caution qui a cautionné l'un seulement de deux débiteurs solidaires, ne peut pas répéter tout ce qu'elle a payé contre l'autre, lors même qu'elle se serait fait subroger expressément aux droits du créancier.

XII. La caution qui se serait fait subroger expressément aux droits du créancier, n'aurait pas contre ses cofidéjusseurs un recours plus étendu que celui qui lui est accordé par l'article 2033.

Histoire du Droit.

I. A l'époque franque, il n'était pas permis de vivre sous la loi de son choix.

II. Nos coutumes du moyen âge ne sont pas d'origine germanique, elles ont surtout une origine féodale.

III. Nos droits d'enregistrement ont leur origine directe dans les droits de contrôle, d'insinuation et de centième denier de l'ancien régime et non dans les droits seigneuriaux.

Droit administratif.

I. L'acte constatant un cautionnement solidaire doit être considéré, lorsqu'il est présenté à l'enregistrement comme soumis à un seul droit, le droit d'obligation.

II. Les fleuves et rivières non navigables ni flottables appartiennent aux propriétaires riverains.

Droit des gens.

I. L'ennemi qui assiége une ville ne peut pas mettre en réquisition les habitants des environs de la ville pour travailler aux ouvrages du siége.

II. Le matériel des compagnies de chemin de fer est une propriété privée et comme tel ne saurait être pris comme butin par l'armée ennemie.

Droit pénal.

I. Le condamné par contumace n'est pas en état d'interdiction légale.

II. L'interdit légalement ne peut pas demander la nullité des engagements qu'il a contractés.

Procédure civile.

I. Lorsque des poursuites en saisie immobilière sont commencées pour la fraction échue d'une dette payable par annuités, ces poursuites doivent s'arrêter lorsque le débiteur a payé, ou offert de payer, l'annuité pour laquelle les poursuites ont été commencées, lors même qu'une nouvelle annuité serait échue.

II. L'article 584 du Code de procédure civile qui porte

que le débiteur peut faire au domicile élu dans le commandement à fin de saisie exécution toutes les significations, même d'offres réelles et d'appel, n'est pas applicable, au cas de saisie immobilière.

Vu par le Président,
GÉRARDIN.

Vu par le Doyen,
G. COLMET DAAGE.

TABLE DES MATIÈRES

DES EFFETS DU CAUTIONNEMENT.

DROIT ROMAIN.

PREMIÈRE PARTIE.

DES RAPPORTS ENTRE LE CRÉANCIER ET LA CAUTION.

DEUXIÈME PARTIE.

DES RAPPORTS ENTRE LA CAUTION, LE DÉBITEUR ET LES TIERS.

DROIT FRANÇAIS.

PREMIÈRE PARTIE.

RAPPORTS ENTRE LE CRÉANCIER ET LA CAUTION.

TROISIÈME PARTIE.

DES EFFETS INDIRECTS DU CAUTIONNEMENT.

IMPRIMERIE SPÉCIALE DES THÈSES,
F. Pichon, 14 rue Cujas, et 51 rue des Feuillantines, Paris.

ERRATA :

Page 8, ligne 5, *au lieu de :* amenés *lire :* amené.
— 37, — 23, — prætoriæ — Plætoriæ.
— 38, — 10, — ex stipulato — ex stipulatu.
— 45, — 8, — sistit — sisti.
— 52, — 10, — sic — sed.
— 57, — 7, — § 2 § 11.
— 65, — 3, — satisfaisait — satisfait.
— 66, — 1, — section première — première partie.
— 86, — 27, 28. — l'équité ne le permet pas — parce que l'équité ne permet pas.
— 102, — 27, porter le point d'interrogation à la fin de la ligne.
— 109, — 23, *au lieu de :* article 1221 *lire :* article 2021.
— 113, — 9, — article 2011 — article 1211.
— 116, — 11, — si elle — s'il.
— 147, — 11, — autres — autre.
— 148, — 13, *lire :* codébiteurs solidaires du debiteur qu'elle a cautionné.
— 148, — 27, *au lieu de :* fidéjusseurs *lire :* fidéjusseur.
— 157, à la table, ligne 4, *au lieu de :* 4 *lire :* 5.
— 157, — — 7, — 6 — 8.
— 157, — — 10, — 38 — 37.
— 158, — — 7, — 83 — 84.
— 158, — — 11, — troisième partie — deuxième partie.
— 158, — — 17, — 139 — 138.

www.ingramcontent.com/pod-product-compliance
Ingram Content Group UK Ltd.
Pitfield, Milton Keynes, MK11 3LW, UK
UKHW022102190726
13855UKWH00002B/580